サッカー・J2論

松井大輔

ワニブックス
|PLUS|新書

松井大輔キャリア

京都パープルサンガ（J1↓J2↓J1↓J2）↓ル・マン（フランス2部↓1部）↓サンテティエンヌ（フランス1部）↓グルノーブル（フランス1部↓2部）↓トム・トムスク（ロシア1部）↓ディジョン（フランス1部）↓スラヴィア・ソフィア（ブルガリア1部）↓レヒア・グダニスク（ポーランド1部）↓ジュビロ磐田（J2↓J1）↓オドラ・オポーレ（ポーランド2部）↓横浜FC（J2）　※2019年12月、現在

はじめに

僕が初めてＪ２のピッチに立ったのは、プロ２年目の２００１年だった。

それからサッカー選手として今年（２０１９年）でちょうど20年目を迎えるキャリアのなかで、Ｊ２（海外２部リーグも含む）では通算で約10年プレーしていることになる。

そして、今も横浜ＦＣの一員としてＪ２のシーズンを過ごしている。

Ｊ２に関しては、Ｊ１と比べて現役選手・ファンならずとも、いろいろ思うところがあるはずだ。

まず、社会的なステータスが高いのは間違いなくＪ１のチームだろう。

当たり前かもしれないが、資金力に優れたクラブが多く、観客動員数の多いチームでプレーするのは大きなモチベーションとなる。

そして、忘れてはならないのが代表選出へのルートだ。

レベルの高い環境で切磋琢磨している選手が代表チームに選ばれやすいのは当たり前で、J2ではよほど突出したプレーを見せなければ日の丸は付けられない。

ただ、これらはすべて試合にコンスタントに出場していた場合の話だ。

京都在籍時代、J2に降格した京都に残るかJ1のチームに移籍するか悩んでいた僕にアドバイスをくれた人物がいた。カズさん（三浦知良《かずよし》／横浜FC）だ。

「自分を一番必要としてくれるチームがいいんじゃないか？」

思わずハッとさせられた。

サッカー選手は試合に出場してナンボ。自分の価値を証明し、さらに高めることができるのはピッチ内だけ、ということだ。

逆に言えば、本当に力のある選手は2部リーグでプレーしていても上位カテゴリーのクラブや、あるいは他国のスカウトの目に必ず留まる。

だからこそ、J2の選手はJ1の選手よりも活き活きプレーしていることもあるだろう。J1ではなかなか観られないような熱いプレーを観ることも多い。

J2でのプレー経験がその後のキャリア形成に大きなプラスをもたらした例も数多く

あるし、最近では現役日本代表として活躍する中島翔哉くん（ＦＣポルト）や冨安健洋《たけひろ》くん（ボローニャ）はＪ２での活躍が後のステップアップにつながった。

だから２部リーグというイメージだけで片付けてほしくない。

もちろん、予算の関係上、以前出演したテレビ番組でも話したように、

「ユニフォーム交換をしたら自腹を切るしかない」

「ロッカールームのシャワーが水しか出なかった」

など、みなさんが少し驚いてしまうであろう環境で頑張っている選手も多い。

優勝賞金や平均収入の違いもある。Ｊ２は全国に22チームあり、試合間隔の短さと移動距離の長さから『世界一過酷なリーグ』とも言われている。

こうしたＪ２の知られざる実情や魅力、選手たちの頑張りを、サッカーファンの方々にもっと伝えたい。Ｊ２のフィールドで長く本気でプレーしていくなかで、そんな思いが募ってきた。

そこで僕は、１冊の書籍という形でＪ２の知られざる魅力をまとめようと考えた。その想いがようやく結実したのが本書『サッカー・Ｊ２論』だ。

Ｊリーグは１９９３年に誕生し、今年で27年目を迎えている。

後発のＪ２リーグが発足したのが１９９９年なので、こちらは21年目だ。

その間、日本サッカーは目覚ましい進歩を遂げ、象徴である日本代表は初出場のフランス大会から数えてＷ杯に６大会連続で出場している。

成長著しい日本サッカーにおいて、Ｊ２はどのように貢献してきたのか。Ｊ２にしかない魅力は何なのか。

現役選手としての立場から見えるＪ２を余すことなく語っていきたい。

本書を読み終えたとき、Ｊ２の観戦がより楽しくなり、サッカーそのものをもっと好きになっていることは、ここで保証する。

松井 大輔

目次

第2章　J1とJ2にみる格差社会……39

第3章　ここがヘンだよ　海外の2部

第1章　J2の成り立ちと現在地

Jリーグから J1と J2の時代へ

1993年5月に開幕したJリーグは当時、1部リーグのみで運営されていた。2部リーグという概念は存在せず、Jリーグ開幕から加盟している10チームは『オリジナル10』と呼ばれている。

本書でテーマにしているJ2とは、J1に次ぐセカンドディビジョンを指す。いわゆる2部リーグだ。

1999年にJ2（現在は3部リーグにあたるJ3も存在する）が発足したことで、それまでとどのような違いが生まれたのか。

最大の変化は、昇格や降格、あるいは残留というカテゴリー間のチーム移動が起きるようになったことだろう。

比較という点で、プロ野球はセ・リーグもパ・リーグも同じ6球団が毎年競い合い、チームの入れ替わりはない。ある年に最下位になったとしても、翌年も同じように他の5球団と戦うことができる。

サッカー（Jリーグ）の場合、シーズンによって少しずつレギュレーション（規定）の違いはあるが、1部リーグで下位に低迷すれば降格の憂き目に遭うし、2部リーグで優勝や2位といった好成績を収めれば翌シーズンは昇格できる。毎年異なる顔ぶれでリーグを戦うシステムは、プロ野球ファンにとっては馴染みがないので斬新かもしれない。

このような形式はサッカーの本場として知られる欧州諸国のほとんどでも用いられている。というよりも、サッカーにおいては後進国の日本が欧州サッカーをモデルに発展してきたという言い方が正しい。

僕が長くプレーしていたフランスでは、1部がリーグ・アン、2部がリーグ・ドゥという呼称でファン・サポーターに愛され、毎年熾烈《しれつ》な戦いが繰り広げられている。昇格と降格を争う局面は、まさしく生死を賭けた戦いだ。

J2の話に戻すと、プロとして戦う以上は優勝や昇格が最大目標になるが、プロリーグとしての歴史が浅い日本サッカーにおいて果たす役割は他にもある。

各チームの本拠地を見ていくと、J2はJ1以上に全国津々浦々で、東京や大阪、名古屋といった大都市よりも地方都市に多く分布していることがわかるだろう。

そういった事実を踏まえると、Ｊ２はサッカー文化を全国に根付かせていくためのすそ野としての役割を果たしているという見方もできる。

日本サッカーのピラミッドの頂点はＪ１であり日本代表で、その下に位置するのがＪ２だ。そのぶん世間の目に触れる機会は少なく、どうしても日陰の印象があるだろう。サッカーファン以外はスタジアムに足を運んで観戦したことのない人がほとんどかもしれない。

最近、子どもの夢や将来なりたい職業で『サッカー選手』が1位になっているというニュースをテレビやインターネット情報で見た。僕が子どもの頃は『野球選手』が断トツで1位だった記憶がある。

30年近い年月を経て、サッカー選手の地位は間違いなく向上し、サッカー人口も増えた。公園や広場が少なくなっているにもかかわらず、ボールを蹴る少年は増えているのだから、日本サッカーは大きな可能性を秘めている。

その一端を担っているのが僕も所属しているＪ２だと思うと、とてもうれしい気持ちになる。

99年生まれのJ2は10チームでスタート

J2が産声を上げたのはJリーグが誕生してから6年後の1999年のこと。当時はJリーグ発足時のJ1と同じ10チームで戦いが繰り広げられていた。

この時の10チームをすべて覚えている人は、かなりの〝Jリーグ通〟と言っていいだろう。北から順番に羅列していくと……

・コンサドーレ札幌
・ベガルタ仙台
・モンテディオ山形
・アルビレックス新潟
・大宮アルディージャ
・FC東京
・川崎フロンターレ

・ヴァンフォーレ甲府
・サガン鳥栖
・大分トリニータ

の10チームだ。

２０１７年と２０１８年のＪ１を連覇した川崎フロンターレや、首都・東京をホームタウンに持つＦＣ東京もＪ２から船出しているのを意外に感じる人も多いのではないだろうか。ちなみに今年は、このうち過半数の６チームがＪ２ではなくＪ１の舞台に身を置いている。

ここで強調したいのが、新たに参入したチームによって地方色が強くなったこと。Ｊリーグの新たな歴史の幕開けと同時に、北海道や東北地方、そして甲信越地方にもＪクラブが誕生した。

その後、さらにクラブ数は増加し、２０１４年にはＪ３リーグも発足。リーグの規模が拡大していった現在では、Ｊ１からＪ３まで合わせて55クラブがＪリーグを盛り上げている。

気がつけば都道府県の数よりも多いチーム数が存在して、Ｊクラブのない県のほうが少なくなっている。残りの県の多くにもＪリーグ入りを目指すチームがあるので、日本全国でプロサッカーが日常化しつつある。

Ｊ２発足はＪリーグ草創期の成功があったからこそで、さらなる発展を目指す形が具現化されたと言える。

これによってＪ１昇格やＪ２降格といったドラマが生まれることに。それまではＪ１の最下位になったとしても翌年も変わらずトップカテゴリーでプレーできたけれど、昇降格という制度が導入されたことで、１試合にかかる重みとプレッシャーが格段に増した。

サッカーの歴史という点で日本よりもだいぶ先を進んでいる欧州では、古くからカテゴリーが分かれて昇格や降格という物語を紡いできた。それは各チームにとっての喜怒哀楽が詰まった本当の歴史と言えるだろう。

Ｊ２が生まれたことで、日本サッカーも世界基準に一歩近づいた。

J2は小休止なし オフが1ヵ月に4日未満の時も

時代とともにJ2のレギュレーションは細かな変化を繰り返してきた。発足当初は先述したとおり10チームで行われていたけれど、僕が初めてJ2でプレーした2001年はチーム数が増え、12チームが総当たり4回戦で戦う44試合のシーズンだった。

当時の記憶はというと、1シーズンで4回戦うので対戦してから次の対戦までの間隔がとても短かったことを強く覚えている。短ければ1ヵ月半くらいで再戦するわけで、選手の特徴やチーム戦術などをお互いに掴んでいるから、とても戦いにくかった。連勝できれば『お得意様』になるし、なかなか勝てなければ苦手意識を持ってしまう。昔のJ2ならではの現象と言えるかもしれない。

2012年からは、J1昇格プレーオフ、2004年からは、J1チームとの入れ替え戦、以降J1昇格プレーオフやJ1参入プレーオフというスリリングなシステムが導入された。章の冒頭でも述べたように、ポストシーズンの戦いにはサッカーの面白さ・

怖さなど、J2の魅力すべてが詰まっているといっても過言ではない。

それからJ1にあってJ2にないのがリーグカップの存在だ。

現在のJ2は22チームによる総当たり2回戦で、シーズンに42試合を戦う長丁場だ。J1よりもリーグ戦の試合数が多いのでカップ戦に参加する余裕はなかなかないし、天皇杯を戦うのが精一杯の状況だろう。

J2のリーグ戦は基本的に毎週土日のどちらかに試合が組まれ、2月下旬の開幕から11月下旬まで途切れることなく戦い続ける。J1は日本代表が活動するインターナショナルマッチウィークに小休止を挟むことがほとんど。でもJ2はそんなことお構いなしに試合がやってきて、世界中が注目しているW杯開催期間中ですら継続的にリーグ戦を実施するシーズンもある。

リーグ戦が週に1回行われる場合、試合も練習もないオフは週1回のチームが多いはず。2連休を与えられるのは、チーム状態が良い時のご褒美か、反対に苦戦している時のリフレッシュである場合が多い。通常時は、オフが1ヵ月で4日未満になるチームもあるので、会社としてはちょっとブラック企業かもしれない（苦笑）。

目指すは昇格　チャンスはどのチームにもある⁉

Ｊ２発足からしばらくは上位２チームが、その後は上位３チームが自動昇格するシステムで運営されてきた。それと同じ数のチームがＪ１から降格するわけで、昇格と降格はまさに天国と地獄。明暗がくっきり分かれる。

２０１２年からはＪ１昇格プレーオフという制度が導入され、これをきっかけにＪ２は群雄割拠の時代に突入していった。

１位と２位のチームは自動昇格し、３位から６位までのチームがポストシーズンを戦う。２０００年代後半からプロ野球でもクライマックスシリーズでレギュラーシーズンの上位３球団が争うシステムとなり、今ではすっかり定着して盛り上がりを見せている。長いシーズンを戦って順位を決めているわけで、プロ野球同様に上位チームにアドバンテージがある。３位と６位、４位と５位が対戦して、上位チームは引き分けでも次のステージに勝ち進むことができるというわけだ。

この施策によって、Ｊ２がさらに注目されるようになったのは間違いない。Ｊ１と違う劇的なフィナーレを迎えることで、サッカーファンのみならず普段はサッカーに興味を持っていない人の関心も集められるようになった。

というのも、この短期決戦が順当に収まるケースはとても少ない。

2012年から2018年までの7年間で、シーズン成績通り3位のチームが勝ち上がったのは2度。それと同じく6位のチームも2度プレーオフを制している結果を見ると、短期決戦ならではの難しさが伝わるだろう。

戦っている選手の心情としてはプレーオフではなく、あくまでも自動昇格圏内の2位以内を目指している。ギリギリで6位に滑り込めた時の喜びも大きいけれど、自動昇格にあと一歩のところまで迫った結果、3位や4位でフィニッシュするのは精神的なダメージが少なからずある。ショックが尾を引いたままプレーオフを戦い、下位チームに敗れているという実情もあるかもしれない。

J2では毎年のように最終節まで順位が決まらず、他会場の結果次第で運命が大きく変わる。勝ち点1差どころか、得失点差の勝負にもつれるケースも多く、42試合のなかでの小さな積み重ねが大きな差となって運命を左右する。

2018

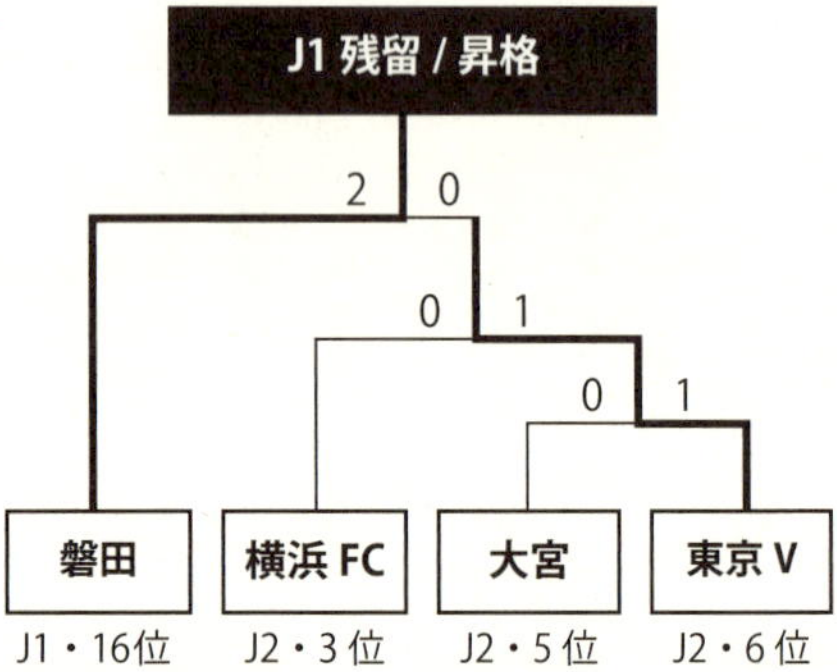

2018 年より J1 リーグ 16 位のチームも参戦する形となった J1 参入プレーオフ。J2・6 位に滑り込んだ東京 V が下馬評を覆し、大宮、横浜 FC を撃破。磐田との入れ替え戦へ駒を進めた。
試合は、前半に磐田が PK で得点し、先制。試合終盤にも FK で追加点を奪う。試合はそのまま 2-0 で終了し、磐田が辛くも残留を決めた。

2017

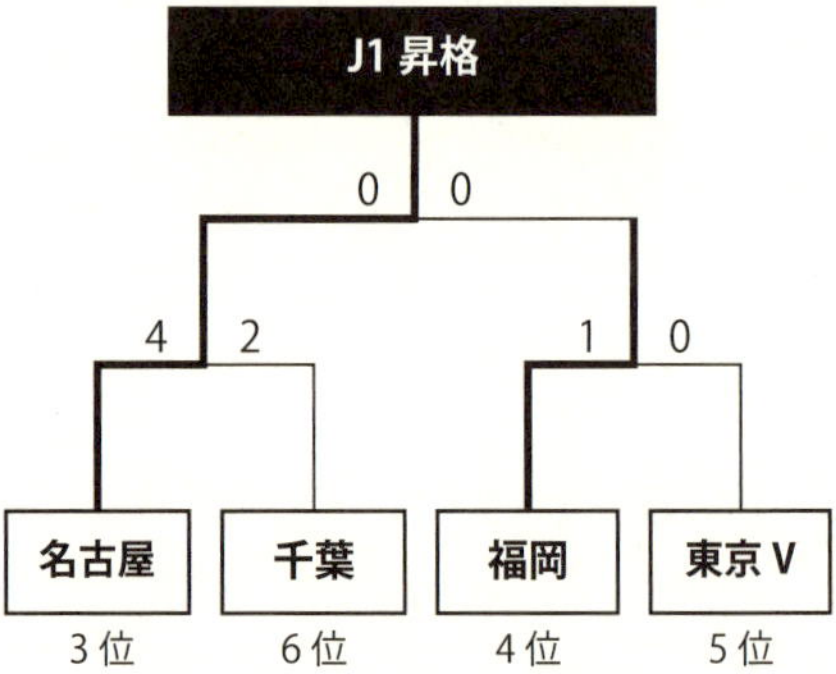

2017 シーズン J2 最多得点の名古屋と最少失点の福岡による矛盾対決となった決勝戦は、スコアレスのまま終盤に突入。引き分けでは敗退となる福岡が猛攻を仕掛けるも、名古屋の集中した守りを崩せず 0-0 で試合終了。名古屋が 1 年での J1 復帰を決めた。

２０１８年からは昇格プレーオフを勝ち上がったチームがＪ１の16位と対戦するＪ１参入プレーオフも実施されるようになった。このシーズンはＪ２の６位から下剋上で勝ち上がった東京ヴェルディがＪ１のジュビロ磐田と対戦し、惜しくも敗れて昇格ならず。昇格へのハードルは上がったけれど、盛り上がりのポイントがさらに増えたことは歓迎すべき出来事なのだと思う。

６位以内に入れば昇格の可能性があるとはいえ、プレーオフを制すのはとても難しい。Ｊ１から降格してきたチームが１年で復帰できない例も多く、Ｊ２全体のレベルが底上げされていることで毎年、大混戦になっている。

ほとんどのチームに昇格のチャンスがある。それもＪ２が持つ魅力のひとつだ。

プレーオフは運命の分かれ道

Ｊ１昇格プレーオフについて、僕の体験談を話したい。

あらかじめ言っておくと、とても苦い記憶だ。サッカー人生で一度も経験していないことが、あろうことかプレーオフの舞台で起きてしまった。

忘れもしない2014年11月30日のこと。

その年の初めにポーランドからJリーグに復帰し、ジュビロ磐田に所属していた僕は、シーズンを4位で終えてプレーオフ準決勝に臨むことになった。その初戦の相手がシーズン6位のモンテディオ山形だった（※5位のギラヴァンツ北九州はJ1クラブライセンスを保有しておらず、プレーオフに参加できなかった）。

シーズン成績上位のジュビロは引き分けでも決勝に進める。試合は山形に先制を許す苦しい展開になってしまったけれど、前半のうちに同点に追いつくことができた。

先発出場した僕は後半30分頃に交代でベンチに下がったと記憶している。あとはチームメイトに託し、ベンチから祈るような気持ちでピッチを見つめていた。

時計の針は進んで、後半アディショナルタイムに突入。この時間になると、引き分けOKのレギュレーションを踏まえ、失点しないことだけを願っている自分がいた。ヤマハスタジアムに詰めかけた多くのジュビロサポーターも同じ考えだったはずだ。

アディショナルタイムが2分に差し掛かった頃、あの〝事件〟が起きる。

ビハインドの山形は右CKの場面で、GKの山岸さん（山岸範宏《のりひろ》／引退）もゴール前に上がってきた。総動員で得点を狙う捨て身の攻撃を仕掛けてきたというわけだ。

それに対して、ジュビロは11人全員で自陣ゴール前を固めていた。ベンチからは監督の名波さん（名波浩）やコーチ陣がマークの確認を行うだけでなく、僕も含めたベンチメンバーが懸命に声をからして仲間を鼓舞していた。

でもサッカーの神様は時に残酷で、信じられないような試練を与えてくる。

CKの軌道はしっかり覚えている。鋭いボールがニアサイドに送られ、誰かに当たってジュビロのゴール方向へ飛んでいった。

「あっ」

並んで見ていたベンチメンバーの誰かが思わず声を漏らした次の瞬間、スローモーションになったボールが静かにゴールネットへ吸い込まれていった。

あのシーンは忘れられないし、今も脳裏に焼き付いている。でもその時は誰に当たってゴールになったのか、すぐにはわからなかった。

山形の選手たちが山岸さんのところに集まって喜びを爆発させているのがわかったけ

れど、それでもまだ信じられなかった。

その数分後に試合が終わった直後は、まるで夢見心地のようにボーっとしていた。でも次のタイミングでものすごい脱力感に襲われて、目の前で起きた出来事の重大さに気がついた。

苦労して辿り着いたプレーオフの舞台で、まさかの形で敗戦を喫する。それは来年もJ2で戦うことを意味していた。ここまで頑張ってきたことが、すべて水の泡になってしまったような大きなショックを受けた。

試合後のロッカールームでは誰ひとりとして声を発することができず、重苦しい雰囲気だったと思う。僕自身も現実を受け止めきれなかったので、さすがに細かいことまでは覚えていない。

僕のサッカー人生のなかで、GKにゴールを決められたのは後にも先にもその一度だけ。GKがボールに触ってゴール前の混戦になることは稀にあるけれど、シュートを打ってゴールになるのは本当にレアケースだと思う。でもGKをマークするのは難しいので、誰かを責めることもできない。

まさしく筋書きのないドラマのような出来事が起きるのがプレーオフの面白さであり怖さだ。それが完全なるノンフィクションで展開されるのだから、観戦している側からすればたまらないと思う。

でも当事者にとっては、人生を賭けた運命の分かれ道だ。その90分で、あるいは一瞬で、未来が大きく変わってしまう。

僕は２０１８年にも横浜ＦＣの一員としてプレーオフを戦い、リーグ戦で下の順位だった東京ヴェルディにアディショナルタイム弾を食らって昇格のチャンスを逃した。１年間積み上げてきたものがゼロにリセットされるのは、本当に辛いし、苦しい。

だからこそ昇格を成し遂げた時の喜びは、言葉では表現できないくらい大きい。Ｊ２のチームと選手は、努力も苦労も、すべてが報われる一瞬を目指して戦っている。

ルーキーイヤーでの降格 そして初めてのＪ２へ

プレーオフの悲劇をはじめ、僕はプロ生活20年でいろいろな経験をしてきた。

そのなかで昇格と降格に関わってきたタイミングはやはり印象的だ。昇格は胸を張れるけれど、降格については「どうにかして阻止できなかったものか」と時間が経った今でさえ反省すべき記憶もある。

鹿児島実業高校を卒業した僕は、J1の京都パープルサンガ(現・京都サンガF.C.)に入団した。生まれ育った京都にあるプロサッカークラブの一員になるのは自分にとって自然な流れで、高卒ルーキーながら開幕戦からベンチ入りして途中出場でピッチに立ち、それからも試合出場の機会に恵まれた。

でもチームの力になれたかというと、正直言って微妙だった。新人の僕は右も左もわからず、とにかくガムシャラにプレーすることしかできなかった。

1stステージ中には8連敗という苦しい時期もあった。この頃はチーム全体が重苦しい雰囲気に包まれていて、練習でもうまくいかないことが多かった。気持ちを切り替えて試合に臨むけれど、ミスが起きたり失点したりすると「またか」というネガティブな心理状態に陥ってしまう。

もともとのチーム力に問題があったというよりも、結果を出せないことで選手たちから徐々に自信が失われ、本来持っている力を発揮できなくなっていた。監督交代という奥の手を使っても状況は好転せず、京都は16チーム中15位の成績でJ2降格の憂き目に遭ってしまう。

僕にとって、もちろん初めて経験する降格だった。

当時、世代別代表に選ばれていたという状況もあって、J2でプレーすることに抵抗がまったくなかったわけではない。よりレベルの高い環境でプレーしたいと思うのはプロサッカー選手ならば当然だろう。降格という現実に直面し、移籍も視野に入っていたし、実際にJ1クラブからオファーももらっていた。

一度しかないサッカー人生だから、できるだけ後悔のない選択をしたい。移籍は人生を左右する出来事になりかねないので、慎重な決断が求められる。大切なのは、自分の価値をいかにして高めていくか。その判断基準のひとつがJ1やJ2といった『カテゴリー』になる。

結果的に京都への残留を決意したけれど、その時の決断は間違っていなかったという自負がある。

プロ2年目、松井大輔はＪ2で実戦経験を積んだ

Ｊ2で過ごすことになったプロ2年目から背番号10を与えてもらった僕は、チームの中心選手として戦う自覚を持ち、シーズンを通してほとんどの試合に出場した。試合だけでなく練習に臨む姿勢やサッカー以外の時間の使い方などを学んだのもこの時期だ。もし他のＪ1のチームに移籍していたら、同じように実戦経験を積めていたかどうかわからない。

決して簡単ではないＪ２リーグを戦い抜き、Ｊ１昇格という目標を達成できた時はうれしいというよりも安堵の気持ちが勝っていた。それと同時に「もう二度と降格の悔しさは味わいたくない」と思った。

Ｊ２降格のタイミングで移籍を選択する選手もいた。

クラブとしては1年でのＪ１復帰のために戦力を整えたいので、必要としている選手には条件面で高い評価をする場合もある。降格によって全体の予算規模を維持するのが難しくなったとしても、場合によっては年俸が上がる選手もいる。これはそれぞれが個人事業主だからこその事象だと思う。

実際に、その時は僕も少しだけ年俸を上げてもらった記憶がある。車が買えるくらいだったかな。車種は皆さんの想像にお任せしたい(笑)。それによって1年でのＪ１復帰に向けて責任を請け負ったのは言うまでもない。

同じサッカー選手でも年齢や立場はそれぞれ違うので、条件面を優先して翌年以降の所属チームを決める選手もいる。サッカー選手としての寿命は短いし、どんなに息の長い選手でも30代半ばに差し掛かった頃にはセカンドキャリアについて考え始めなければいけない。定年退職が60歳や65歳の一般企業の方々とは稼働できる年数が大きく違うので、短い時間で多くの賃金を稼ぐ必要がある。

J2降格は選手の評価に直結する。もっといえば年俸が変動する大きなきっかけになる出来事だ。できることならばあまり経験したくない。

だから松井大輔はJ2に帰ってきた

プロ2年目でJ2を経験した僕は、京都からフランスへ海外移籍する時もリーグ・ドゥ（フランス2部リーグ）のル・マンを選んだ。日本を飛び出して異国の地でプレーすることで自分をもっと成長させたかったし、J2を経験していたおかげもあって2部リーグに抵抗はまったくなかった。

あの当時、僕のように海外といっても2部リーグへ移籍するJリーガーはほとんどいなかった。それまでヒデさん（中田英寿／引退）や名波さん、シュンさん（中村俊輔／横浜FC）といった先輩たちの多くが欧州各国のトップリーグでプレーしていたのが大きな理由だと思う。

それと2000年代初頭のJリーグが、現在とは異なる性質を持っていたことも無関係ではない。

具体的に言うと、今ほど移籍が頻繁に行われていなかった。特に、J2にはどのチームにも在籍年数の長い選手が必ずいて、シーズンが変わってもそれほど顔ぶれが変わらないケースも珍しくなかった。

これは当時のJ2というリーグが持つ特性と言えるだろう。チームとして昇格を目指すのは今とまったく変わらないけれど、試合でのパフォーマンスが個人昇格や別の選択肢を生むきっかけになるという発想は少なかったような気がする。

誤解を恐れず言えば、当時のJ2はステップアップの場というよりも、それ自体が終着点に近い発想になっていた。

例えば、JFL時代から在籍していた選手はチームへの愛着がとても強かった。アマチュア時代の苦労を知っていることもあり、J2に加盟して自分自身がプロサッカー選手になれただけで満足しても不思議ではない。

それに当てはまらなかったのが、野心を持って来日していた外国籍選手たちだ。別項で後述するフッキなどは、その象徴とも呼べる存在。J1川崎フロンターレから期限付き移籍という形でJ2を戦っていたことからも、彼が現状に満足せず高みを目指していく姿勢はおおいに頷ける。

J2としての歴史を積み重ねることでリーグのレベルもさることながら、位置付けが変わり、格も上がってきたと強く感じる。

そういったことも踏まえて、海外を転戦していた僕が2014年にJリーグへの復帰を決意した時も、加入したジュビロ磐田はJ2を戦うシーズンだった。

僕自身、必要とされているチームでプレーしたかったし、強い時代のジュビロ磐田を取り戻すという使命感がモチベーションになった。プレーオフでの劇的な幕切れで1年でのJ1復帰は達成できなかったけれど、次のシーズンで目標のJ1昇格を成し遂げることができた。

サッカー選手にとって大事なのはステータスだけではない。必要とされて試合に出られる環境は天国だ。サッカー選手であるかぎり、スポーツ選手であるかぎり、自分を表現できる場所がほしい。それがＪ２であったとしても、大きな問題ではなく、自分の価値を対外的に示せなければ意味がない。

ジュビロからポーランドへ移籍し、再び日本に帰ってきた僕は２０１８年からＪ２の横浜ＦＣの一員として戦っている。これまで体感してきた昇格の喜びや降格の悔しさなど、すべての経験を生かして全身全霊でプレーしている。

新卒選手があえてJ2を選ぶ時代に

Ｊ２は１９９９年の発足から、今年で21年目を迎えている。その間にプレーするカテゴリーを選択する選手側の心理も大きく変わってきたように感じる。

端的に言うと、Ｊ２は『育成』の二文字が切っても切り離せないテーマになってきていて、Ｊ１や海外移籍との関連性も見逃せない要素になってきた。

はじめに、昨今は高校から直接Ｊ１のチームに入団する選手は本当に少なくなった。

僕が高校生だった頃は、冬の高校サッカー選手権で目立った活躍をしてＪ１から声がかかるケースも多かったけれど、高校からダイレクトでＪ１のチームへ入団する選手はチーム数（18チーム）よりも少ないと聞く。

これはＪクラブがそれぞれ持っている育成組織の充実が大きな理由で、中学生が所属するジュニアユースどころか、小学生からＪクラブのユニフォームを着ている選手も多い。したがって高体連そのもののレベルも地盤沈下の傾向にあり、Ｊ１でプレーできる選手はほんのひと握りになっている。

ただし、こういった状況はＪ２のチームにとっては時として追い風になる。

高卒や大卒でいきなりＪ１の世界へ飛び込むのではなく、試合出場の可能性を少しでも高めるためにＪ２を選ぶのもアリだろう。ステータスよりも現実的な選択を優先し、そこでの活躍をきっかけにステップアップしていければ、それも立派な成功と言える。

これは新卒選手に限った話ではない。

Ｊ１で出場機会に恵まれない若手選手が期限付き移籍でＪ２へ武者修行に出るケースが明らかに増えた。Ｊ１の外国籍選手枠が年々増えていることも理由のひとつで、チームによっては先発11人の約半数が外国籍選手の時もある。実力ある日本人選手がベンチに追いやられ、押し出されるように若手をベンチ入りさせる余裕がなくなってしまう。クラブとしても若手に出場機会を与えたいので、受け入れ側のＪ２クラブと互いにメリットのあるレンタル移籍が成立するというわけだ。

それに加えて、最近はＪ２でのパフォーマンスが評価されて海外移籍につながるケースが驚くほど多い。Ｊ２から海を渡る選手もいる時代だし、Ｊ１へステップアップしてからの場合でも長く在籍せずに欧州へチャレンジしていくケースが目立つ。

欧州クラブの日本人への評価は時代とともに移り変わり、現在は若い選手の将来性を見込んで獲得することが多い。その評価基準は必ずしも日本代表やＪ１でのパフォーマンスではなく、Ｊ２でも突出した何かを見せていれば十分にチャンスがある。

反対に、実績あるベテラン選手の受け皿になっている点も見逃せない。多くの選手の場合、30歳を過ぎたあたりから運動能力が低下する現実には逆らえない。カテゴリーをＪ１からＪ２に下げることで出場機会を維持する選手も当然いる。その中にはまだまだＪ１で戦える選手も含まれていて、あえてＪ２を選ぶのだからレベル差は以前に比べて小さくなっているという根拠にもなる。

Ｊ２を取り巻く環境は目まぐるしく変わり、今後はさらに重要性が増していくのだろう。チーム数が増えたことで、編成を行う際の判断基準もそれぞれのカラーが出るようになってきた。裏返すと、選手がチームを選ぶ時にさまざまな可能性を追求できるという良さがある。

可能性という点で、Ｊ２は未知の魅力を秘めているリーグなのだ。

第2章　J1とJ2にみる格差社会

予算規模はJ1の約3分の1

J1とJ2の違いを端的に表現するとしたら、それはお金だ。

ちょっと雑な表現になってしまったので言い直すと、カテゴリーの違いは各クラブの予算規模にダイレクトな形で表れている。

Jリーグが公開した2018年度のクラブ経営情報開示資料によると、J1クラブの平均営業収益は約48億円だった。スポンサー収入、入場料収入、物販収入（グッズの売り上げ）、アカデミー関連収入など、すべての面でトップカテゴリーのJ1がJ2を上回っているのは、あらためて言うまでもないだろう。

一方、J2クラブの平均営業収益は約15億円で、J1と比べて約3分の1の規模で運営していることがわかる。

例えば、クラブにとって大きな収入源となる平均観客動員数だけを比較してみても、J1平均が1万9千人を超えているのに対して、J2は約7千人と1万人に満たない。1試合あたりの平均観客動員数が1万人を超えるチームは数えるほどしかないので、J

1との格差はかなり大きい。

この差は契約している選手の身の回りに反映される。

最もわかりやすいのは年俸だろう。大枚をはたいて獲得する外国籍選手を除き、日本人で大台と言われる1億円以上の年俸をもらっている選手はJ1のほんのひと握り。プロ野球で大々的に報じられる推定年俸と比べると、だいぶ少ない額だ。

J2になるとさらに現実的な数字が並び、1千万円に満たない選手が数多くいるのが実情だ。新卒選手はプロC契約といって上限480万円の契約を結ぶけれど、実際には年俸200万円以下の金額でプレーしている選手もいる。契約する際の支度金(クラブが負担する引っ越しなどにかかる諸経費)もピンからキリまで違いがあって、J1なら100万円単位、J2になると10万円単位といった具合だ。

それからインセンティブの部分でも差が出てくる。

試合に勝利した時の勝利給は、J1の多いチームだと100万円近い額をもらっている。でもJ2の地方チームはその10分の1に満たない場合もあるだろう。

僕がジュビロ磐田に所属している時は、チームがいるカテゴリーによって勝利給が違った。試合数の違いもあるとはいえ、クラブとしてはさまざまな面で収入が増減するので、それが選手のインセンティブにも影響してくる。

華やかな世界に映るJリーグも、待遇面だけを切り取ると厳しい環境の選手が数多くいる。

若い頃の僕は収入を二の次にして、あくまでも理想を求めていた。目先のお金よりもロマンを優先するという表現がわかりやすいだろうか。それが欧州で長くプレーしていた理由のひとつでもある。

でも選手としてキャリアを過ごして年齢を重ねるにつれて、異なる価値観もあると気付いた。特に守るべき家族を持った時に、他にもっと現実的な選択肢があったかなと思う。生活していく上でお金は絶対に必要だから。

あの時、欧州に留《とど》まるだけでなく違う決断をしていたら、今の僕はもう少しお金持ちになっていたかもしれない（笑）。

この章ではJ1とJ2の格差に着目し、その違いについて話をしていく。J2リーガーのリアルは、意外と知られていないかもしれない。

プロなのに練習グラウンドがないチームも

プロサッカー選手は1週間のほとんどを練習グラウンドやクラブハウスで過ごしている。Ｊ２の場合、試合は基本的に土曜日か日曜日に開催されるので、その日とオフを除いた週５日前後はトレーニングに励むことが仕事になる。サラリーマンに例えるなら、会社に通勤していると想像してもらっていい。

ところがＪ２では、特定の練習グラウンドとクラブハウスを持たないチームが存在する。これは日々、練習会場が変わることを意味していて、行政などが管理・運営する公共のサッカーグラウンドをレンタルするチームが実際にある。一般の人が時間単位で料金を支払って利用するのとほとんど変わらないシステムだ。

じっくり腰を落ち着けられないストレスに加えて、天然芝のグラウンドではなく足腰に負担のかかる人工芝になってしまうケースは多々ある。あるいは通常のグラウンドよりもだいぶ狭いフットサルコートを使わざるをえないチームすらある。

ロッカールームを使用できる時間にも制限がかかる場合が多く、満足するまで居残りトレーニングできない難しさもあるだろう。自前の建物ではないわけだから、内装を自由に変えることなどもってのほかだ。

各チームが抱える問題は、選手間の横のつながりでよく耳にする。古くからつながりのある選手ならば情報交換もする。

例えば、試合メンバーに入らない選手たちの練習を、大きな家の庭にある芝生を借りて行ったことがあるチームの話。他には、公園で年配の方々がゲートボールをしている隣で練習したという驚きのエピソードも聞いたことがある。プロサッカーチームでも練習場所に困っているチームがあるというわけだ。

かつては、僕が所属する横浜FCも特定の練習拠点を持っていない時期があった。その時はグラウンドを転々としていたという。あのカズさんも100円を投入して使う有料コインシャワーを浴びていたらしいから驚きだ。

地方のチームでプレーしている選手から、施設によってはロッカールームがとても狭く、シャワーのお湯がぬるいという苦労を聞いたことがある。あまり清潔ではない場所もあるだろうし、そういったところは高校生が使う部室のイメージに近いかもしれない。

僕がこれまで所属してきたチームは比較的環境が整っていたけれど、環境面に頭を悩ませているJ2のチームはまだまだある。

そんななかでも、行政やホームタウンと協力しながら、少しずつ環境が良くなっているチームもある。その代表例が水戸ホーリーホックだ。

2018年には廃校をリノベーションし、新たな練習拠点が完成したと聞いた。天然芝グラウンド2面の他にジム施設なども完備されているらしい。選手にとってはモチベーションが上がること間違いなしだ。地域の方々に一般開放される時間もあるようなので、自治体と連携を取りながらクラブが成長できるのはとても好ましい。

とはいえ多くのチームの場合、一朝一夕で解決する問題ではなく、明日から環境が劇的に良くなるとは考えにくい。チームが好成績を残すことで状況を変えるきっかけになるかもしれないし、それだけでなくピッチ外での地域貢献や社会貢献も大切になる。

J2のさらなる地位向上は各チームだけでなく、リーグ全体で考えていくべき課題と言えるだろう。

格差が顕著にあらわれる移動手段

次にＪ１との差が出るのは、移動手段やそのグレードだろう。

移動に関しては各チームのスタート地点（本拠地）が違うので一概に比べることはできないけれど、移動手段が豊富にある都会と比べて、地方に行けば行くほど選択肢が限られてくる。その大変さをカバーするための予算をどれだけ割けるかが、違いになってあらわれる。

例えば、僕が所属する横浜ＦＣは地理的にとても恵まれている。東海道新幹線に乗って本州を西方面へ移動する時は、クラブハウスから乗り場の新横浜駅まで30分未満で着く。岐阜や京都、岡山などのアウェイ遠征時に利用する交通手段だ。

飛行機に乗る時は、高速道路を利用すれば羽田空港まで1時間もかからない。四国や九州にあるチームとの対戦は飛行機移動がメインになってくる。

でも新幹線の駅や空港から遠いチームは大変なはず。水戸ホーリーホックの本間さん

（本間幸司）は、テレビ番組で共演した時に「バス移動の時はサービスエリアでのストレッチが欠かせない」という苦労話をしていた。

地理的に移動が大変なのはそのチームの宿命と言えるかもしれないけれど、J1からJ2に降格したことでグレードが下がる話もしばしば耳にする。

よくある例としては、J1の時は新幹線のグリーン車に乗っていたけれど、J2に降格して普通指定席に変更されることが挙げられる。選手としてはもちろんグリーン車のほうが快適でリラックスできる。でも経費削減で指定席になったとしても、到着する時間は変わらないし、チーム事情なので文句は言いにくい。

新幹線移動と言えば、ファジアーノ岡山に所属していた選手から聞いた話を紹介したい。岡山がJFLからJ2に昇格してすぐの頃に、新幹線でアウェイゲームに向かう時の出来事だ。

これは他のチームでも似たようなことがあるかもしれないけれど、選手は移動の時に自分の荷物以外にチームとして使うボールやユニフォーム、タオル、ストレッチの時に使うマットなどを、スタッフだけでは手が足りないので協力して持ち運んでいた。

でも、その日は荷物が多かったせいか、予定していた新幹線に乗り遅れてしまった。おそらく時間の余裕はあったのだろう。焦らず次の新幹線を待つことにした際に、人数が多くて座る場所もないので持っていたボールに座って待った。さらに一般の人にもボールを貸して次の新幹線が来るのを一緒に待ったらしい（笑）。

時間が経ってしまえば微笑ましいエピソードで、Ｊ２を身近に感じられる失敗談と言えるだろう。

ＪＦＬからＪリーグに昇格すれば、立場上はアマチュアからプロに変わる。でもクラブを取り巻く環境が一変するかと言えばそうではない。ＪＦＬ時代の名残がありつつも、少しずつプロとしての姿に近づいていくのだろう。

日本代表の海外遠征になればビジネスクラスに座ることがほとんどで、場合によってはチャーター便などが手配される。でもＪ２でそんな好待遇になるケースは皆無に等しい。いつかはＪ２の選手全員がグリーン車に乗れるようになれたらいいと思う。

J2降格でホテルのグレードが下がる？

アウェイ遠征やプレシーズンキャンプを行う際の宿泊施設にまつわる話をしたい。

J1とJ2ではホテルのランクに大きな違いがある。極端な言い方をすると、キャンプ時だとリゾートホテルとビジネスホテルくらいの差があったりする。

開幕前のキャンプは基本的に長い。短くても1週間以上で、長い時は2週間以上も同じホテルで寝泊まりすることになる。1泊や2泊くらいならそんなに気にならなくても、1週間以上も滞在するならば、設備の充実したホテルのほうがやっぱりうれしい。

部屋割りは、アウェイゲームとキャンプの時でそれぞれ考え方が違う。

アウェイゲームの場合、J1は一人部屋のチームがほとんどだと思う。帯同した選手全員に個室が与えられ、試合に向けてリラックスする空間を作りやすい。特にナイターゲームの時は前泊してから部屋で過ごす時間が長いので、一人部屋のメリットは大きい。

J2は二人部屋のチームもあるだろう。一言でいえば経費削減だろうから仕方ない。

もしかしたら実績あるベテラン選手は一人部屋で、若手は複数人がひとつの部屋に泊まるチームもあるはず。

プレシーズンキャンプの場合、J1もJ2も複数人の部屋割りになるチームが多い。これはチームワークを高める意味合いと、集団行動や協調性を大切にする日本人ならではの考え方が根底にあるのだろう。

昇格したからといってホテルのランクが急に上がる話はあまり聞いたことがない。でも降格がきっかけでランクが下がるのは珍しくない。キャンプは日数が長く、アウェイ遠征もスタッフを含めると30人前後の団体行動なので、費用の負担も大きい。

だからJ1からJ2に降格しても泊まるホテルや待遇が変わらないチームは、プレーする選手になるべく寄り添おうとするスタンスが伝わりやすい。

これは宿泊施設に限らず、食事でも同じことが当てはまる。

同じホテルに泊まっているのに、カテゴリーが下がったことで食事のグレードが下がる。選手にとってテンションが下がる出来事で、できることなら維持してもらいたい。

例えば日本代表のアウェイ遠征になると、基本的に専属シェフが同行してくれる。栄養管理はもちろんのこと、選手の好みも熟知しているシェフの存在は大きい。アスリートはしっかり食べてエネルギーを補給しなければ良いパフォーマンスを発揮できないので、食事を重要視するクラブはもっと増えてほしい。

横浜FCはスポンサーさんの存在もあって、食に困ることはない。クラブ紹介のページで後述するけれど、普段から1日3食を提供してくれるチームはあまり聞いたことがない。クラブハウスがあっても食堂を完備していないクラブは意外と多く、その代わりに提携している食堂やレストランがあるところや、ケータリングを利用しているチームもあると聞く。

食について小ネタを挟んでおくと、僕はホームゲーム前の昼食に『丸亀製麺』を利用する日がある。

ナイターゲームの3~4時間前に軽食を摂るけれど、僕はそれよりも早い12時くらいに昼食をしっかり食べる。試合前は炭水化物をしっかり摂取してエネルギーを蓄えないと足がつってしまう。うどんとおにぎりをしっかり食べるのがルーティーンだ。

なんといっても、安くて、早くて、おいしい。読者の皆さんにも馴染みのお店で食事をしているJリーガーは、実は意外と多いような気がする。

ユニフォーム交換は自腹

これはJ2を特集するテレビ番組でも話題に上がったけれど、ユニフォーム交換が自腹というのは今でも変わっていない。〝J2あるある〟だと思う。

横浜FCの場合、試合後にユニフォーム交換すると給料から天引きという形で自腹を切ることになる。たしか1枚1万5千円くらいするはずなので、決して安くない。カズさんは毎回ユニフォーム交換を求められると思うから、それだけでもかなりの出費になっているはずだ（笑）。

大宮アルディージャに所属する大前元紀くんは半袖4枚、長袖4枚の計8枚が支給されると話していた。J1から降格しても大宮は資金力がある証拠だろう。

多くの場合、プレーする選手はハーフタイムにユニフォームを着替えるので、最低でも2枚は必要になる。だから2枚しか支給されないチームの場合、ユニフォーム交換したらすぐに補充しないと試合で困ってしまう。

横浜FCは支給される2枚がどちらも半袖で、長袖のユニフォームはない。寒い時期に開催される時は、ほとんどの選手がなかに長袖のインナーシャツを着ているけれど、僕はあの締め付けられるような感覚が嫌いなので半袖でプレーしている。正直、寒い（苦笑）。とにかく指先が冷たくならないように半袖＋手袋が僕のスタイルになっている。

海外でも同じスタイルでプレーしている僕の姿を想像する人がいるかもしれない。でも、それは好んでやっていたというよりも、スタッフが長袖ユニフォームを忘れてしまった時に仕方なくそうしていただけだ（笑）。

ちなみに僕はユニフォーム交換が好きではないので、自分から交換を申し出たことはない。たぶんメッシやクリスティアーノ・ロナウドといった世界的スターと対戦しても、自分の意志で交換をお願いすることはないと思う。

自腹を切ることになるからという理由ではなく、人のユニフォームにまったく興味がない。それにもらっても飾る場所がない。カズさんはコレクションのように飾ってあるらしいけれど、僕の家にはそんな広いスペースはない（苦笑）。

でも対戦相手にお願いされた時は断らないので、僕のユニフォームでよければ話しかけてください。

ミドルシュートは打たせてもいい⁉

ピッチ内に目を移しても、Ｊ１とＪ２には違いがたくさんある。

Ｊ２が発足してしばらくは、ロングボールが飛び交う忙しい展開の試合が多かった。中盤を省略するような長いボールを多用し、まずはフィジカルコンタクトの強さを求められるというイメージも強かった。

僕が京都パープルサンガでプレーした２００１年はまさにその時代で、ディフェンスラインからの長いボールが中盤でプレーしていた僕の頭を越えていくのが残念な気持ちもあった。

それはリーグの性質でもあって、今でもＪ１よりもＪ２のほうがガツガツとした球際の攻防は多いかもしれない。

ゴールシーン中心のハイライトなどにも顕著にあらわれていて、Ｊ１は綺麗なパス回しからのファインゴールでスタジアムが沸いているけれど、Ｊ２は混戦から偶発性の高いゴールが生まれる傾向にある。性質の違いだけでなく、やはり技術レベルの差がないとは言い切れない。

サッカーはミスが多く起きるスポーツで、どのレベルになっても〝ミスゲーム〟と呼ばれる側面を持っている。逆に言えば、ミスを少なくしたチームが勝利に近づくという見方もできる。

J2の場合、J1と比較して単純なミスが多い。ボールを扱う際の技術ミスだけでなく、正確なプレーを選択できない判断ミスもある。そして相手がミスをしてくれることを加味すると、戦い方が少し変わってくる。

例えば、無理にボールを奪いに行かなくても、シュートを打たせてしまったほうがいいシチュエーションもある。対戦相手がJ1選手のクオリティの場合、ミドルシュートによる失点のリスクが高まるけれど、J2の選手ならば打たせても決まらないことのほうが多い。守備側からすれば、枠を外れてゴールキックになればOKなので、ボールホルダーへのプレッシャーの距離が遠くても致命傷にならない。

もちろん積極的にプレッシャーをかけるのも有効で、J1よりも強度の低いプレッシャーでミスを誘発できる。

ここで使っているプレッシャーの正体とは、速さや強さや間合いの取り方、そして迫力も含まれる。これらを総合した相手の圧力に屈してミスしてしまうのがJ2にありがちな攻防で、ミスが多くなればルーズボールの争いが多くなる展開は必然だ。

J2にも一芸に秀でている選手は数多くいる。でもJ1でも通用するプレーヤーになるには、トータルのレベルを上げてプレッシャーに慣れることが絶対条件だろう。

僕が所属する横浜FCで言えば、サイドハーフを務めている中山克広や松尾佑介、斉藤光毅《こうき》らは、みんなスピードがあって単独でドリブル突破できるのが特徴だ。年齢的にも若く、伸びしろも十分ある。でもJ1の舞台ですぐに活躍できるかは未知数。J1での経験値に長《た》けている選手に対抗するには技術面をさらに高め、相手との駆け引きも覚える必要がある。

同じサッカーなので、J2の延長線上にJ1があると考えていい。ただ、細かいところで性質の違いはあるので、それぞれのリーグにしっかり適応できる能力を持った選手が重宝される。

J2における外国人助っ人事情

チームを強化する手っ取り早い方法は何か。絶対的な正解はないけれど、有効な手段のひとつとして能力の高い外国籍選手を獲得する手が挙げられる。

現在のJリーグはJ1が5人、J2が4人の試合出場できる外国籍選手枠を設けている。かつては3人の時代が長く続き、3人＋アジア枠1人という時代を挟み、2019年から現行ルールに変わった。

J2の多くのクラブは、J1クラブと比較して資金力に乏しい。だから獲得できる選手も限られてくるのが実際のところだろう。外国籍選手を獲得して雇うには、日本人選手とは比べものにならない費用がかかるからだ。

単純に年俸が高いだけでなく、前所属クラブとの契約が残っていれば例外を除いて移籍違約金が発生する。それだけではなく外国籍選手は、個別に付帯事項がつくケースもある。家賃のクラブ負担や自動車の支給、出身国との往復航空券などが契約に盛り込まれるため、トータルでの出費はかなり大きなものになる。

僕自身が助っ人としてプレーしていたフランスやポーランド、ロシアでもこれらの付帯事項が契約書に明記されていた。

コストがかかるということは、それはビジネス的に言えばリスクとイコールという考え方もできる。選手が投資に見合ったパフォーマンスを発揮できないのはよくある話なので、能力を見極めるだけでなくリーグの性質やチームスタイルに合った選手を探すことが大事になる。

どんなに素晴らしい実績を持った選手でも、日本やJリーグに適応できなければ活躍はできない。これまで環境に慣れることができずに去っていった外国籍選手は数えきれないほどいる。

ターゲットになるポジションは、カテゴリー問わずストライカーが多い。点を取るという才能はサッカーにおいて最も重要で、だからこそ高値がつく。本来ならば日本人FWを育てるのが理想だけれど、即効性を求めるという点で外国籍選手を獲得するチームは多い。

J2だけでなくJ1にも共通するのは、外国籍選手のストライカーが活躍したチームが優勝や昇格に近づくということ。勝敗に直結するポジションだけに、彼らは大きな責任を負っている。

助っ人側の心理としては、より評価が高いチームでのプレーを望む。条件面で上になることの多いJ1を優先し、カテゴリーで劣るJ2は次の選択肢になる。

それでも、J2に優れた助っ人がいないわけではない。

今シーズン対戦した印象で話すと、柏レイソルのケニア代表FWオルンガはDFからの評価がとても高い。身長190㎝を超える大柄な体格で、あれだけパワフルな選手はなかなか止められない。『規格外』という表現がよく似合う。J1でプレーしている姿を見たいと思わせる選手だ。

横浜FCでチームメイトのイバも、日本にやってきてからコンスタントに得点を重ねる優良助っ人として名前が挙がる。得点源と呼べるような選手が前線にいるチームは、チームが苦しんだ試合でも勝ち点3を獲得しやすい。FWの能力次第で、試合展開と正反対の結果が出ることもサッカーでは珍しくない。

助っ人の質は、どの時代もカテゴリーを問わず勝敗の鍵を握っている。

Ｊ2で勝てる戦術　Ｊ1で勝つ戦術

サッカーの戦術は日々進化している。

これはファッションの流行に似ているかもしれない。数年前に一世を風靡《ふうび》した戦術でも、新たな戦術が登場すればいつの間にか忘れ去られてしまう。短い時間のなかでアップデートされていく傾向があり、新しい戦術を採り入れなければ、あっという間に取り残されてしまう。

Ｊ2が発足した1999年当時は、多くのチームがロングボールを多用していた。ショートパスをつないで相手の守備組織を崩していく技術が低かったため、自陣から遠くへボールを蹴って突破口を見出していた。相手陣内に入ることは容易になるので、その瞬間は失点のリスクも軽減できる。

そしてアバウトなボールだとしても、Ｊ2ならば相手がミスしてくれるかもしれない。そうすればマイボールになって攻めることができて、正直言えば手っ取り早い。先述した相手のミス待ちは、戦術を組み立てる時にも無視できない。

ただしＪ１になると技術レベルが上がり、相手がなかなかミスをしてくれなくなる。プレッシャーがかかっていない状況にもかかわらずロングボール頼みになってしまうと、相手にボールキープされる時間が長くなって劣勢になる。

前線に強力なＦＷ、例えば身体能力に優れた外国籍選手がいれば、ロングボールから攻撃の糸口を見つけられるかもしれない。でも、今度は資金力の差がストライカーの有無に関係してくるので、Ｊ２のチームはやり繰りが難しい。

Ｊ２時代はロングボール中心の戦術で勝てても、Ｊ１になった瞬間にその戦術が通用しなくなるというケースは多い。個の能力の限界もあって、チームそのものが頭打ちになってしまう。Ｊ２で勝てるサッカーとＪ１で勝つサッカーは、まったく違うということを強く主張しておきたい。

チームの強化にはしっかりとしたビジョンが必要。好例として、近年の昇格組から大分トリニータの名前を挙げたい。

大分はかつてナビスコカップ優勝を飾った歴史を持つチームだけど、経営問題などもあってその後は不振の時代がしばらく続いていた。２０１５年はＪ２で21位に沈み、Ｊ

2・J3入れ替え戦でFC町田ゼルビアに敗れてJ3に降格してしまった苦い経験を持つ。

でも2016年に片野坂知宏《かたのさかともひろ》監督が就任したことをきっかけに、V字回復への歩みが始まる。

しっかりとしたポゼッションをベースにして、対戦相手を緻密に分析するスカウティングも効力を発揮した。J3降格から1年でJ2復帰を果たすと、2018年にはJ2で2位になってJ1へ昇格し、現在はトップカテゴリーでも上位チームから白星を勝ち取ることもある。

2018年、僕たち横浜FCは大分と昇格を争って同じ勝ち点で並んだけれど、得失点差で上回られてしまった。あと一歩のところで昇格を逃してしまったという意味で因縁の相手だ。でも大分のサッカーは対戦していてとても清々しく感じたし、J1でもしっかり存在感を発揮していることに納得できる。

彼らは勝敗に関係なく、自分たちの信念を貫く強さを持っている。GKからショートパスを丁寧につなぐ戦い方は、自陣でボールロストした時に失点するリスクが高い。そうやって失点した試合もあるだろうし、J1のレベルで同じことを続けるには技術を磨くだけでなく、胆力が必要になる。

一時のミスや敗戦でサッカーを変えないから、J3時代から積み上げてきたものが確実に形になっている。特定の個に頼っていないし、そもそも資金力に恵まれているわけではないので大型補強は難しい。それなのにJ1のビッグクラブと互角以上に渡り合えているのは、継続性の賜物だろう。

J2を戦うチームの方針として、昇格を優先するのか、その先のJ1での戦いも見据えたチーム作りをするのか。どちらが正解とは断言できないだけに、とても難しい。親会社やスポンサーへの面目を保つ意味で、とにかく昇格を目指さなければならないチームもある。

J2のチーム戦術は、クラブの成り立ちなどにも左右される。そういった背景まで考えていくと、J2はさらに面白みが増していく。

ポジションごとに求められる役割が変わってきた

Ｊリーグ開幕から27年目を迎え、日本サッカーのレベルは着実に上がってきた。Ｗ杯には初出場から６大会連続で出場し、そのうちの３大会は決勝トーナメントに進出するなど、めざましい進歩を遂げた。

それを可能にした背景として、リーグ全体の底上げを強調したい。Ｊ１だけでなく、Ｊ２も間違いなくレベルアップした。具体的には、昔ほどロングボールを多用しなくなり、それによって選手に求められる資質も少しずつ変化していった。

僕が今プレーしているボランチは、Ｊリーグ開幕当初はディフェンシブハーフと呼ばれていた。特にロングボールの多いＪ２では、もっと守備の時に体をぶつけて、運動量豊富に動いて汗を流さなければいけないイメージだった。でも、それぞれのチームが技術的にレベルアップしてショートパスをつなぐようになり、ボランチの選手には正確な技術とポジショニングが欠かせないスキルになってきた。

同じＪ２でも、京都パープルサンガ時代の僕はバリバリのアタッカーとしてプレーしていた。あれから時が経ち、今は中盤の底で攻守のつなぎ役を担っている。得点に絡む回数はあまり多くないし、守備で汗を流す時間のほうが長いかもしれない。今の僕の姿を京都在籍時代に想像できた人はあまりいないはずだ（笑）。

昔は得点やアシストに絡むことが仕事だと自分自身も思っていたし、トリッキーなプレーやテクニックを生かしたドリブルが印象に残っている人も多いはず。少なくとも海外でプレーしていた時は、自分の居場所を確保するためにも局面打開能力に磨きをかけていた。

でも２０１４年に日本へ帰ってきてジュビロ磐田に加入してからは、当時の監督の名波さんに「ボランチをやりたい」と伝えていた。チーム編成の兼ね合いもあってなかなか実現しなかったけれど、30歳を過ぎてからの自分が何をすべきかを常に考えて出した結論だった。

年齢を重ねてくると、ドリブルだけで勝負するのは徐々に難しくなってくる。奪いにきた相手を間合いとタイミングで外して抜くことはできるだろうけど、シンプルなスピード勝負で若い選手と戦っても、なかなか勝てない。その感覚は自分自身が一番わかっている。

でも運動能力や体力の衰えが、そのまま選手としての衰えにはならない。若い頃とは違って、今は戦術やポジショニング、あるいは味方と敵の位置関係を意識しながら、次の展開を予測するなど、頭を使ってプレーできるようになった自信がある。

横浜FCはJ2では、ある程度ボールを持てるチームだ。相手との力関係のなかで守勢に回る時間はそれほど長くないので、僕の役割としては前線に良いボールを供給していくことがテーマになる。アタッカーのイバやレアンドロ・ドミンゲスといったJ2トップクラスの外国籍選手をうまく生かす術を考えて、あくまでもバランスを重視して黒子に徹している。

それから、指揮を執っている下平隆宏《しもたいらたかひろ》監督の存在も大きい。

今年の5月に下平監督が就任してから、僕のポジションはボランチに固定されていて、すごくやりがいのある仕事を任せてもらっている。

下平監督は今まで出会ったことのないタイプの日本人監督だ。しっかりとした信念や軸を持ちつつも、時代の潮流に合わせてアップデートしていく作業を欠かさない。練習内容も毎日少しずつ変わるので、選手は足を動かすだけでなく、常に頭を使わなければいけない。

僕を日本代表に選んでくれていたイビチャ・オシム監督も頭を使うサッカーを提唱していたので、たまに懐かしい気持ちになる。今後、新しい風を日本サッカーに吹かせてくれる日本人監督だと思っている。

38歳になった僕が、これからウイングやサイドハーフとしてゴリゴリと突破を求められても難しいだろう。でも下平監督のようにサッカーを熟知している指導者の下で、自分自身も常に頭を働かせながらプレーしていけば、まだまだ第一線で戦えると思う。

自分に何が求められているかをいち早く察知して、実際のプレーに落とし込む。J1に昇格できたとしたら、それは自分をさらに進化させるきっかけになると思うので、すごく楽しみだ。

レフェリングの基準はカテゴリーによって若干違う

２０２０年のＪ１リーグ戦からＶＡＲ（ビデオ・アシスタント・レフェリー）が導入される。今季もルヴァンカップ準々決勝以降の８試合で試験的に導入されていたけれど、来季からは本格的にテクノロジーの力も借りて判定を下すことになる。

一方で、Ｊ２リーグでは適用されない。ＶＡＲ導入には予算や施設などのハードルがあり、まずは注目度の高いＪ１からスタートしていくという。

すでにさまざまな競技でリプレイ検証が導入され、プロ野球やバレーボールで判定が覆る場面もしばしば見受けられる。プレーの高速化や複雑化によって、人間だけのジャッジには限界が近づいていた。そこにデジタルの進化が重なり、スポーツは新たな時代に突入しようとしている。

スポーツからドラマ性が失われてしまう恐れがあるのは心配だけど、プレーしている選手からすると正確に判定してもらえるのはすごく助かる。

判定の細かい部分まで見ていくと、ミスジャッジのない試合のほうが珍しいかもしれない。球際の攻防で激しくもつれ合ったままタッチラインを割ったボールが、どちらのスローインで再開するのか。当事者たちなりの感覚は当然あるけれど、それが正しいとは限らないし、かといって審判団の目に100％の正解を求めるのも酷だろう。

Ｊ１とＪ２の審判の違いを挙げるとすれば、若干だけどＪ２の審判のほうがファウルを取りやすいということ。

これはリーグの性質にも起因していて、Ｊ２のほうがボディコンタクトの多いゲームになりやすい。ルーズボールの争いが増え、結果的にファウルになりやすいのかもしれない。相手の動きへの対応が遅れてしまってファウルになるケースもある。

審判団はすべてひとりの人間なので、極論を言うと個人差はある。警告を出しやすい傾向の審判、ファウルを取らずにプレーを流すことの多い審判など個性があるので、試合前に審判団の特徴を掴んでおくことも大事になる。

カテゴリーが変われば審判の顔ぶれも変わる。自分のプレーの特徴などを知ってもらっていたほうが試合進行をスムーズにできる局面もあるので、Ｊ１に昇格した時には審判の傾向を探るだけでなく、しっかりと人間関係を築くことも大事になる。

マスコミの扱いに見るＪ２の立ち位置

前項で「注目度の高いＪ１でＶＡＲが導入される」と話したように、Ｊ１とＪ２ではメディア露出に大きな差がある。全試合を視聴できるＤＡＺＮと違い、地上波でＪリーグの映像を目にする機会は限られている。

テレビのサッカー番組を例に挙げるとわかりやすいだろう。

Ｊ１の試合はハイライトを放送し、ゴールシーンが取り上げられる。その一方で、Ｊ２は試合結果がテロップで出るだけというのも珍しくない。

試合翌日の新聞を見ても、試合の詳細について書かれているのはＪ１だけで、Ｊ２は試合結果が掲載されているだけ。インターネットの普及によってメディア以外からも情報が拡散される時代とはいえ、同じプロサッカー選手としては寂しい気持ちもある。

テレビならば放送時間があらかじめ決まっていて、新聞ならスペースに限りがある。だからＪ１優先になってしまうのは仕方ない。そもそも試合会場に来るメディアの数が全然違うので、露出の機会は限られてくる。

得点を決めるなど印象的な活躍をすればペン記者に囲まれ、テレビ局にカメラを向けられる。でも質問されずに帰る日もある。

日本代表でプレーしていた時代は、試合に出場しただけで周りは黒山の人だかりになっていた。それだけ影響力が大きいということだろう。

メディア露出に紐づいた話として、J１は多くの選手がスポーツメーカーと契約している。スパイクなどの物品提供に始まり、期待されている選手には契約金も支払われる。日本代表や五輪代表の選手は自身の年俸とは別に大きな報酬を受け取ることができる。

ただJ２降格でメディア露出が減った場合は、契約条件が変わるケースもある。メーカーとしては商品を宣伝してもらいたいわけで、その機会が減るのはマイナスだ。だから契約内容を見直すわけだけど、選手にとっては非常に厳しい現実である。

裏返して言えば、J２からJ１に昇格すればメディア露出の機会が多くなり、チームとしても個人としてもビジネスチャンスが増える。これも昇格や降格が人生を大きく左右する理由のひとつだ。

J2の地方都市では牧歌的な雰囲気のスタジアムも

この章の冒頭でJ1とJ2の平均観客動員数の違いについて話をした。それはつまり、スタジアムの雰囲気に直結するので、試合に臨む選手の心理面にも微妙な影響を与えるかもしれない。

J2はJ1と比べて観客数が少ない。特に地方都市でのホームゲームは牧歌的な雰囲気のスタジアムも多い。安全で行儀の良い姿勢は日本人の素晴らしい部分だけど、海外のピリピリとした緊張感とかけ離れているのも事実だ。特にJリーグに参入して日の浅いチームは、まだまだサッカーが文化として根付いていない地域もある。むしろお祭りムードが強かったりもする。

海外では、例えばドイツなどでは2部や3部のリーグ戦でもスタジアムが満員になり、両チームのサポーターが試合前から激しく火花を散らしている。同じ地域のチームが対戦する『ダービー』では警察や警備員が大勢投入され、厳戒態勢でキックオフを迎えるので日本との差は大きい。

でも海外と日本では歴史が違うので、単純に比較して劣っているということにはならない。

サポーターが揃って歌ってくれる応援歌は、ちょっぴり懐かしいメロディーだったりするのでうれしくなる。試合中は集中しているのであまりわからないけれど、ウォーミングアップの時は耳に入ってくるので、思わず口ずさみたくなる曲もある。

それから試合中はブーイングや野次がたまに聞こえてくる。おそらくプロ野球から派生した文化なのだろう。でも期待の裏返しだと思うので、選手としては黙って受け取るしかない。海外でたまに見かけるが、物を投げ込んで試合進行や運営に支障をきたすことだけはやめてほしい。

僕個人はお客さんの人数によってプレーが変わることはないし、モチベーションも上下しない。でも、より熱い環境を作ってくれるのは大歓迎で、J2がもっと盛り上がっていくためにファン・サポーターの存在は欠かせない。

時には厳しい声で叱咤激励し、良いプレーには温かい声援や拍手でさらに背中を押してほしい。それがJ2のさらなる発展につながるのだから。

第3章　ここがヘンだよ　海外の2部

劣悪な環境の海外2部リーグ

この章では同じ2部でも日本と海外での違いについて、僕の実体験を交えながら話していきたい。

僕は今年でプロ20年目になる。そのうち10年を日本のJリーグで、そして残りの10年を海外で過ごしてきた。ちょうど半分ずつなので、僕は日本と海外のハイブリッドサッカー選手だ（笑）。

海外で過ごした10年間では、2部リーグでプレーした経験もそれなりに多い。

僕が長い時間を過ごした欧州では、サッカーに対する考え方が日本と大きく違う。日本の場合、サッカーはあくまでも娯楽のひとつに過ぎないけれど、海外はサッカーが文化になっている。サポーターはおらが街のクラブにすべてを賭けていて、週末に行われる試合の結果によって激しく一喜一憂する。

これはサンテティエンヌに所属していた時の話だ。

試合でなかなか結果が出ないことに怒り心頭のサポーターに、僕はクラブから支給されていた自動車を壊された経験がある。Ｊリーグで感じるプレッシャーとは比べものにならないし、私生活にも危害を加えてくる。すごく驚いたのを覚えていると同時に、自分が外国籍選手として戦うという意味や責任を再認識した出来事だった。

国が違えば常識が違う。今まで普通だったことがそうではなくなる。それぞれに良さがあって、単純な比較に意味はない。

海外で地位を築くためには、その国やチームのルール、文化を理解し、自分自身をアジャストさせなければいけない。日本人だからといって日本独自の発想を頑《かたく》なに貫くだけでは通用しない世界だ。

世界的に見た時に、日本という国はとにかく治安が良くて、インフラがしっかり整備されている。第２章で地方クラブの苦労について話をしたけれど、それも国土の広い海外と比べれば恵まれている部類になるのだろう。

２００４年の夏、僕は京都パープルサンガからフランスのル・マンへ期限付き移籍した。当時のル・マンは２部に相当するリーグ・ドゥに所属していた。同じ２部リーグでも日本とフランスでは後者のほうがレベルは高いと考えていたし、まずは実際に欧州に身を置いてプレーすることが重要だった。

海外での、特に2部リーグでのプレーや生活は、本当にいろいろなことがあった。最初はフランス語をほとんど話せなかったので、コミュニケーションの面で苦労した。ピッチ内外でたくさんのストレスを抱えたのが本音だ。楽しい出来事ばかりのはずがなく、その一瞬は絶望的な気持ちになるくらい大変な思いもした。

でも海外移籍しなければ出会えない人がたくさんいたし、できない経験ばかりだったと思う。そのすべてが今の自分に役立っていて、ずっと日本にいたら井の中の蛙になっていただろう。30代後半の年齢になった最近は、若手にアドバイスや経験談を話す機会が増えた。その時も海外での実体験を生かすことができている。

世界は広い。

そして海外の2部リーグも、奥が深い。

海外は野心家の集まり 狙うは個人昇格のみ⁉

欧州サッカーは成り上がりの世界だ。とにかく結果を出した人間が偉い。弱肉強食という言葉がよく当てはまる。

これは選手に限った話ではなく、監督にも同じことが当てはまる。目に見える結果を残さなければ消えていく。日本のような義理人情や恩情といった概念はない。そして力のない人間には、誰も助けの手を差し伸べてくれない。

それを最初に感じたのがル・マンで過ごした時間だった。

フランス2部リーグのチームには世界中から選手が集まる。フランス人を中心とした欧州各国の選手はもちろんのこと、南米やアフリカから大志を抱いてくる選手もいるし、自分のようなアジア人もいる。

共通しているのは、みんながとにかく野心家であること。チームとしてまとまって1部昇格を目指すよりも、個人としてどれだけ実績を積み上げられるかに重きを置いている。エゴイストであることが当たり前すぎて、協調性を大切にする文化が染みついている日本人の僕は面食らってしまった。

大切なのは自分に何ができるかをしっかり見せること。力を示さないことには認めてもらえないし、パスも回ってこない。こうして考えていくと、プレーの選択が自分中心になるのも自然で頷ける。

攻撃的MFだった僕は、自分の技術を見せつけてやろうと考えた。劣っているフィジカル面の強化も行ったけれど、屈強な選手たちと同じ土俵で戦っても勝てない。武器である技術を生かして1対1の局面を突破し、自分の道を切り拓いていた。

これがFWの選手になると当然、ゴールしか狙っていない。チャンスの場面でパスを出すという発想はない。すぐ近くにフリーで待っている選手がいても絶対にパスを出さない。自分の価値を高めるために、チームメイトだとしてもライバルになる瞬間があるのかもしれない。

面白いのはその様子を見て、怒る監督と怒らない監督がいること。監督も選手と同じ個人事業主で、チームの成績を上げることにしか興味がない。そのためには戦術も二の次になり、優秀なゴールゲッターにとにかくボールを集める。勝つ確率を1%でも上げるのが監督の仕事で、プロセスに興味はないのだろう。

僕がル・マンでプレーした同僚にイスマエル・バングラという選手がいた。彼はギニアからやってきたストライカーで、とにかくハングリーだった。

プロキャリアの最初は、おそらく月収20万円くらいでプレーしていたのだと思う。決して高い評価を受けていたわけではなかった。でも彼には、自分が成功して家族を養う、生まれ育った貧困な村を助けるという目的があった。そのためにはゴールを決めて、自分の価値を高めて、お金を稼がなければいけない。

だから練習から目の色が違った。名誉や地位よりも、現実的なお金が必要な人間も世のなかにはいる。幸運にも裕福な国で生まれ育った日本人は、なかなか持ち合わせていない感覚だと思う。

結局、ル・マンでは2年間チームメイトとしてプレーし、彼はウクライナのディナモ・キエフというクラブへ移籍していった。そこで高額なサラリーを手にしたことは言うまでもない。

海外の、特に2部リーグでは、サッカーをやる目的の一歩目が日本人とは違う。

海外はトイレでも筋トレを実践する

よく言われることだけど、海外は日本よりも強いフィジカルが求められる。ピッチ上のどの局面でも、まずは体をコンタクトしてくるのが欧州サッカーの特徴だ。いわゆる〝デュエル〟（決闘・対決の意味）だ。

日本国内では、1対1のシチュエーションで読みを働かせて対応する場合も多い。欧州と違って審判はファウルを取りやすい傾向にあるので、間合いをはかってからボールにアプローチするのが自然になっている。

次にテクニックの面で、海外と日本を比較してどちらが上か。

日本人は足先でボールを扱う技術が高い。リフティングなどが最たる例だろう。そういったところだけを切り取れば、僕がプレーした欧州の2部リーグよりも日本人のほうがテクニックは上だと思う。

ただし本当の意味での〝止める・蹴る〟の技術は、2部リーグだとしても欧州のほうが上だと思う。気候や風土の違う欧州では、日本のように整ったピッチコンディションばかりではない。でこぼこの芝生やぬかるんだ粘土質のグラウンドが普通にある（整備する技術を持っていないという側面もある）。そのような劣悪な環境でも通常以上のパフォーマンスを発揮できなければ話にならない。

かつてイタリアやイングランドで活躍したヒデさんは欧州のピッチでも涼しい顔でプレーしていた。日本人は一般的に骨格が小さいと言われるので、足腰や体幹を鍛えなければ対等に戦うのは難しい。

そういえば、僕は欧州でプレーするようになって筋力トレーニングにも力を入れるようになったけれど、それはトイレで用を足す時も実践していた。

フランスには便座のない洋式トイレがあって、最初は「？」が頭の上に浮かんだ。でも周りを見渡しても便座はないので、仕方なく空気イス状態で臨むことに。両側の壁が届く位置にあったので両腕で全体重を支える形になり、「欧州の人間はトイレでも筋トレするのか」と驚いた。使い方として正しかったのかは、今でもわからない。（笑）

サッカーの話に戻すと、持っている能力を発揮するにはメンタルが重要になる。どんなに優れた技術を持っていたとしても、ミスをしてすぐに弱気になってしまう選手は相手のプレッシャーに潰されてしまうだろう。少しでも弱みを見せた瞬間、相手はその隙を狙って激しくチャージを仕掛けてくる。

日本人でメンタルの強い選手といえば、圭佑（本田圭佑／フィテッセ）だと思う。周りに何か言われても我が道を行く強さを持っていて、常に自分のプレーを貫ける。自信がなければできないことだし、そういう点でも圭佑は欧州で成功する資質を兼ね備えていたのだと思う。

欧州ではどこのチームもサポーターが熱狂的で、ブーイングの迫力も日本とはまったく違う。3万人くらいの観客が一斉に声を発して、それがスタジアム全体にこだまするので耳が痛くなる。

反対に、アウェイチームが点を取った時は、スタジアムが静まり返る。ゴールのアナウンスもない。観客が選手の心理状態にも影響してくるアクションを起こすのは、まさにサッカーの本場と呼ぶにふさわしい。

だから過酷な環境で生き抜く海外組は、逞《たくま》しくなる。現在の日本代表のほとんどが欧州でプレーしている選手になっているのは、自然な流れなのかもしれない。

海外の2部リーグには夢がある

ドキドキワクワクで海を渡った僕に待っていたのは、フランス2部の洗礼だった。

これまで繰り返し述べているように移籍した当初、ル・マンはリーグ・ドゥのチームだった。クラブとしての歴史も浅く、リーグのなかでは新興クラブという位置付けだったと思う。

最初に驚いたのは選手が使うロッカーだ。昔ながらの銭湯などに用意されているロッカーよりも小さくて、もはや用具がほとんど入らない。筋骨隆々とした男たちがそんなサイズのロッカーを使っている姿は、今思い出してもシュールだ（苦笑）。

シャワールームもなかなかのものだった。もちろん良い意味ではなく悪い意味で。牢獄に収容された人が入るようなシャワールーム（実際に見たことはないけれど）で、欧州での挑戦に胸を高鳴らせていた僕は「ここの施設は高校生の部室と変わらないじゃないか」と唖然とした。

アウェイ遠征の移動も過酷だった。例えば、ある試合では慣れないバスでの長距離移動に8時間もかかり、試合会場に着く頃には腰とお尻が痛くなっていた。

それが所属1年目に昇格を果たすと、翌年以降はクラブを取り巻く環境が劇的に変化していった。

あっという間にピカピカで大きなクラブハウスが建ち、そこには筋トレルームも完備されていた。なかったはずの駐車場がいつの間にか用意され、バス移動は飛行機のチャーター便に様変わりした。

「2部と1部ではこんなに環境や待遇が違うのか」

選手たちがハングリーになるわかりやすい理由を見た気がした。

前提として、日本と違って土地が余っているので、お金さえあれば何でもできる。その資金の調達方法は、主に選手が移籍する際に発生する移籍違約金だ。僕が所属している4年の間に、10億円前後で買われていく選手が続々と生まれた。

クラブだけでなく選手がステップアップしていく様子も面白かった。

昨日までボロボロの洋服を着ていた選手が、気がつくと全身アルマーニに身を包んでいる。靴も財布もブランドに染まり、成り上がっていく姿を目の当たりにした。

チームメイトとの会話も、だいたいがお金の話だ。移籍金はいくらなのか、年俸はどれだけ上がるのか。サッカーの理想について語る選手はいなかったと思う。

海外では3~4年の複数年契約を結ぶパターンが多いけれど、契約期間満了までそのチームでプレーする選手はほとんどいない。活躍した選手は、だいたい残り1年か2年の段階で他クラブからのオファーを受け、クラブも高値が付いた選手はあっさり放出してしまう。3年くらい在籍していたら、チームメイトの顔ぶれはガラッと変わっているのが常識だ。

ひとつのクラブに長年在籍するのは、限られたビッグクラブのレジェンドプレーヤーだけ。ACミランのパオロ・マルディーニやASローマのトッティといった育成組織出身の選手がそれに該当する。

その他の大多数の人間は、自分がステップアップすることだけを考えて日々を過ごしている。2部リーグでずっとプレーしていたいと思う選手など、ひとりもいない。

身の回りの状況が目まぐるしく変化していく様子は、今でも強く印象に残っている。

海外の2部リーグには、自分たちの力で実現できる夢がたくさんあった。

窮地に立たされた自分を助けてくれたジャッキー・チェン

欧州へ行ったことで、練習に対する意識も大きく変わった。ハングリーな男たちの生存競争は日々のトレーニングから始まっていた。

すごくわかりやすく言うと、選手たちはグラウンドで毎日のようにケンカしている。とにかくコンタクトプレーが多くて、手加減せずにぶつかり合う。だからヒートアップするのは必然で、すぐに胸ぐらを掴み合っての乱闘騒ぎが始まる。

そんな集団のなかに突然紛れ込んだ僕はひとたまりもない。技術で勝負できれば勝つ自信があるけれど、腕っぷしの戦いになったら勝算はゼロだ。僕は身長が175cmくらいしかないのに、相手は190cm以上の大物がゴロゴロいる。

でも対峙した時にどうすれば局面を打開できるのか、考えた。

「ジャッキー・チェンしかない」

これは冗談でもフィクションでもなく、本当の話だ。

欧州にいる人間にとって、ジャッキー・チェンは特別な存在のようだ。日本人を含むアジア人特有の文化としてリスペクトしているようで、ピッチ上での争いでもおおいに力を発揮した。

だから僕は接触プレーで口論に発展した瞬間、空手ポーズを取ってステップを踏んだ。これがものすごく効き目があって、それまで日本人を舐めていたアフリカ人が後ずさりしてしまうのだから面白い。本当は空手の経験なんかないし、イメージだけでやっているのだけど、相手は知る由もない。どれだけ雰囲気を出せるかがすべてだ。

言葉を選ばずに言えば、そこはアフリカのジャングルと同じ。みんながマウントポジションを取って優位に立とうとする。強いヤツが王様になるし、弱いヤツはどんどん舐められてしまう。

自分の地位を守るために、使えるものはすべて使う。それがハッタリだとしても、メンタルで風上に立ってしまえば怖いものはない。

僕は、あの時ほどジャッキー・チェンに感謝したことはない。

それから、ここで話した内容を読者の皆さんに実践してもらうのは一向に構わないけれど、その後に何があっても僕は責任を取れないのでご了承いただきたい（笑）。

極寒のロシア ウォッカにサウナに給料未払いも

2004年の夏からフランスで6年間プレーし、2010年6月には日本代表として南アフリカW杯に出場した。4年前のドイツW杯では23人のメンバーに残れなかったので、夢の舞台に立てる喜びしかなかった。日本代表はベスト16に進出し、僕はサイドハーフとしてハードワークすることで少しはチームに貢献できたと思っている。

そして僕が次なる戦いの場に選んだのがロシア・プレミアリーグ（1部）のトム・トムスクだ。

W杯後、グルノーブルから期限付き移籍という形でロシアへ出発した。まだ夏の終わりだと思って身軽な格好だった僕は、着いた瞬間に唖然としてしまった。

ロシアは9月なのに雪が降っていた。

季節が進むにつれて、もっともっと寒くなっていった。気温0度以下になるのは当たり前。一番寒い時はマイナス22度という極寒で、車のなかに置き忘れたペットボトルの飲料水は、次の日の朝には見事に冷凍されていた。

そんな気候のなかでもトレーニングを行うわけだけれど、怪我を未然に防ぐ意味も込めていろいろと対策が練られていた。

まず帽子は必須。頭を守らないと脳が凍ってしまう。それと練習後にはみんなでサウナに入って体を〝解凍〟していた。それから、選手によっては練習前にウォッカを飲んでいる人もいた。僕は飲んだことがなかったけれど、冬の雪山で飲むような気分なのかもしれない。

僕は寒さが苦手なのでロシアでのプレーはなかなか辛かった。それもあって、結局3ヵ月でフランスに戻ることになった。

そういえば、その3ヵ月の間に給料未払いという出来事もあった。銀行のATMに行ってキャッシュカードを入れても、残高がまったく増えていないのでお金が出てこない(苦笑)。すぐに物申したけれど、クラブの人間は笑って謝っていた。

給料が振り込まれたのはロシアを離れてからだったたと思う。

裕福な日本では2部でもありえない経験をロシアでさせてもらった。命の危険にさらされることはなかったので、今では極寒でのウォッカも給料未払いも、すべて笑い話だ。

バス移動で10時間 ポーランドはとにかく広い

「欧州でのプレーで一番大変だったことは?」

この質問を受けた時の答えは、僕のなかで決まっている。

間違いなく、移動だ。

特にポーランドでのそれは本当に過酷だった。日本人にはあまり馴染みがないだろうけれど、ポーランドは国土が広い。それなのに飛行機や列車ではなくバス移動がメインというのが、僕にとっては想定外だった。

ポーランドはリーグのカテゴリーに関係なく、バス移動が主流になっている。列車は都会の一部分だけを走っていて、地方に行くとまったく走っていない。日本の場合、本数が少なかったとしても新幹線が開通している地域が多いはず。でもポーランドはそもそも列車という文化がないから、お金で解決することもできない。

一番近いアウェイでもバスで2時間くらいの距離で、遠いところだと10時間かけて行ったこともある。その時は出発から5時間くらいの地点で1泊して練習し、それからまた5時間かけて、ようやく目的地に着いた。

試合が終わってからは10時間ぶっ通しでバスに揺られて帰ってくる。それでやっと解散になるわけだけど、もう朝になっているのでどうしていいのかわからない(笑)。次の日がオフだったとしても、そんな時間から寝たら時差ボケ状態になってしまうので寝られない。

あるアウェイゲームでのこと。試合が終わってバスに乗り8時間くらいかけて帰ってきた。着いたのは、たしか夜中の3時頃だった。

するとコーチに「どうする?」と問いかけられた。どうやら試合の疲れを残さないためのリカバリーメニューをいつ行うかについて相談してきたようだ。

一度寝て、朝の10時くらいからという案も出たけれど、選手としては億劫《おっくう》なので到着してすぐにやることに。まだ真っ暗の3時過ぎにみんなでグラウンドを走ってから帰宅し、次の日はオフになった。むしろ余計に疲れたような気がした。

これだけバスでの移動時間が長いと、コンディションにも影響してくる。慣れないうちは腰が痛くて仕方がなかった。選手たちは自分の枕や毛布を持ち込み、トランプや映画鑑賞で時間を潰していた。

でも、僕はとにかく横になって眠りたかった。

実は、そのバスには仮眠スペースがあった。真っ暗だけど足を伸ばせるのですごくラク。本来は二人いる運転手のうちの一人が仮眠する場所なのだけれど、使っていない時も多かった。

最初のうちは運転手に「ここはプライベートな空間だから」と言われて拒否された。でも誰も使っていないのに、それは納得できない。所属していたオドラ・オポーレのスポンサーがそのバス会社だったので、クラブの会長にお願いして話を通してもらい、使えるようにしてもらった。

僕は助っ人という立場なので、ピッチで結果さえ残せば多少の融通は利かせてもらえた。理不尽なワガママではなく正当な主張があれば、バスで横になって寝ることもできた（笑）。

ポーランドでプレーしていた時間は短いけれど、心身ともに鍛えられてタフになった自信がある。でも、あんな大変なバス移動は二度と経験したくない（苦笑）。

欧州独特の食事情で見つけたフランスパンのおいしい食べ方

欧州サッカークラブの食事情はあまり知られていない気がする。僕も実際に欧州でプレーするまでは何も考えていなかった。

フランスは、とにかくフランスパンがおいしい（笑）。これはネタにしているわけではなく、本場のフランスパンは味も硬さも日本とはまったく違う。

海外では試合前にあまり食べない選手もいる。空腹のほうがハングリーに戦えるのかもしれない。そういう選手はビスケットを少しつまんで、最後にコーヒーを飲んで試合に臨むのがルーティーンだったりする。

僕は日本でプレーしていた時からお腹いっぱいにして試合に臨むタイプだった。でも欧州ではお米やうどんを食べられるわけではないので、とにかくフランスパンにかじりついていた。

まず長いフランスパンを半分に切る。その切り口にバターとはちみつを塗って、コーヒーではなくココアにたっぷりとつけて食べる。ハムやチーズもあるけれど、結局はこれが一番おいしいので、是非試してみてほしい。

試合後は、大きなハンバーガーが用意されていることも。僕にはとても食べきれないようなサイズで、疲れていて食欲が湧かないのでほとんど食べなかった。ポーランドでは練習終わりにピザを食べている選手がいた。その様子だけを見ていると、応援しているサポーターとあまり変わらなかった（笑）。

それからお酒。フランスでは前泊する時の夕食でワインが出されて、選手も1杯だけ飲む。ポーランドの場合、試合に勝ったら大騒ぎだ。帰りのバスのなかでビールを持って乾杯が始まる。お酒をあまり飲まない僕は、仮眠スペースで寝ていた（笑）。

日本で試合の前後にお酒が出ることは、まずないだろう。せいぜいタイトルを獲った時など特別な時だけで、日常的にお酒を飲む習慣はないと思う。

全体的に、食に対してアバウトなイメージが先行する。それは日本とは違って、さまざまな人種が集まっているからという背景もあるだろう。日本人のほとんどは米を食べるけれど、反対に米をまったく食べない文化の国からやってきた選手もいる。

食に正解はない。これが僕なりに出した答えだ。

海外は契約社会 直談判は会長へ

プロアスリートならば、競技を問わず誰もがクラブや企業などと何かしらの契約を結んでいると思う。それは日本にいた時もそうだったけれど、海外は完全に契約社会だ。加入する時にしっかりと契約書に明記する形を取っているので、その後のトラブルは少ない。

僕の場合、海外では基本的に家と自動車をクラブに提供してもらっていた。海外では外国籍選手として扱われるので、待遇は悪くなかったと思う。それから日本との往復航空券を何回分出してもらえるかは選手次第。期待値が高ければ高いほど、回数を多く設定してもらえる。

契約書は日本と比べて圧倒的に項目が多いはず。

珍しいパターンを紹介すると、チームメイトに『アウェイ遠征時の部屋割りは必ず一人部屋』という条項を設けている選手がいた。

海外の遠征は二人部屋のケースが多かったけれど、その選手だけはいつもＶＩＰ待遇を受けていた。その時はちょっと不思議だったけれど、よくよく考えてみれば彼個人がクラブと契約しているので何も問題はない。

試合でのインセンティブも個々でまったく違うはず。勝利給やゴール給は全体のほんの一部だろう。

僕はフランスでプレーしている時に、試合出場率に応じてボーナスをもらえる契約を結んでいた。ここでも2部リーグと1部リーグには格差が生じていて、選手が主張できる幅は1部のほうが圧倒的に大きい。

そして契約書に明記されていないことを主張する時は、クラブの会長に直談判するのが最も手っ取り早い。

日本では直属の上司に話をして、それから上層部に協議してもらう形を取るのが一般的だろう。筋を通すという意味でも、大切なことかもしれない。

でも海外でそれをやっていたら、時間ばかり経過して話がまったく進まない。それどころか、いつの間にか忘れ去られていることも多々ある（苦笑）。実際にこのパターンで困ったのは一度や二度ではない。

海外では、会長がクラブの顔として君臨している。監督やゼネラルマネージャーはその下で仕えている人間に過ぎない。会長が右と言えばクラブは右を向き、次の瞬間に左と言えば左に急旋回する。会長の命令は絶対だ。その仕組みがわかってからは、真っ先に会長のところへ行くようにした。

ル・マン在籍時代、クラブから提供されていた自宅で心霊現象に遭遇した経験がある。僕だけでなくスタッフも同じことを感じていた。すぐに会長に話をして、引っ越しさせてもらった。もちろんかかった費用はクラブ負担だ。

Jリーグでプレーしている外国籍選手も、それぞれ細かく付帯事項を設定しているはず。生まれ育ってきた環境が異なるので、日本人では思いつかないような希望を出してくる選手もいるだろう。日本は海外ほど融通が利かないけれど、外国籍選手を気持ちよくプレーさせるにはこんなところにヒントが隠されている。

日本と海外は、社会の成り立ちも物事の決め方も違う。僕は過去に契約話で大きな失敗をしたことはないと思っている。それでも常に細心の注意を払わなければいけないことを海外移籍から学んだ。

第4章　J2が育てた名選手たち

J2で研鑽を積み、大きく羽ばたいた選手たち

日本代表や欧州諸国のリーグで活躍するプレーヤーも、かつてはひとりの無名選手に過ぎなかった。

年齢はバラバラだとしても、キャリアのスタート時はみんな同じ新人で、実績ゼロの状態でプロの世界に飛び込んでいく。多くの場合は若い選手なので、プロになってすぐは試合に出られないことが多い。

これはサッカーに限らず、他のスポーツでもアスリート全員がピカピカの1年生から始まる。ただし歴史の長いプロ野球の場合、球団として2軍、あるいは3軍を持つシステムが確立されている。まずは2軍で下積み生活を送り、数年後に1軍で花開くケースをよく耳にする。

JリーグではFC東京、ガンバ大阪、セレッソ大阪の3クラブがU—23チームを保有してJ3リーグに所属させているが、その他のクラブは基本的に1チームだけで構成されている。僕がプロになったばかりの頃は、サテライトリーグといってJリーグに出場

できない選手同士の、いわば〝2軍戦〟を定期的に実施していたけれど、そのシステムも2009年を最後に廃止されてしまった（2016年から一部のチームで再開）。

するど、どんな問題が起きるのか。

どんなに将来有望な若手でも、高卒ならば18〜19歳時、大卒ならば22〜23歳時の伸び盛りの時期に実戦経験を積めないというジレンマが生じてしまう。個人競技ならば単独で試合や大会にエントリーできるかもしれない。でもサッカーはピッチに立てる人数があらかじめ11人＋交代選手と決まっている。

Jリーグは真剣勝負の場であり、場合によっては昇格や降格といった来季のカテゴリーを左右する戦いになる。クラブの命運を賭けた試合に、テストのような軽い気持ちで若手を起用するのはリスクが生じるので、非常に難しい。結果を求めつつ育成を行えるのは限られたチームだけで、強化部や監督に明確な指針がなければできない。

そういった点で、僕は本当に恵まれていたし、ラッキーな部分もあったと思う。

高校を卒業して加入した京都パープルサンガでは、1年目からJ1のリーグ戦に22試合も出場することができた。これは加茂周《かもしゅう》監督やゲルト・エンゲルス監督が僕のことを我慢して起用してくれたおかげで、僕はいつまでもその恩を忘れないだろう。

チームはJ2に降格してしまい、僕自身はシーズンで1得点しか挙げることができなかった。でもプロ1年目からJ1のピッチでプレーできたおかげで、日本のトップリーグの強さや速さを肌で感じることができた。海を渡って自分自身の幅を広げたいと思ったのもJ1でプレーしたからこそで、当時の経験は間違いなくその後の礎《いしずえ》となった。

決して自慢話をしたかったわけではなく、1年目からコンスタントに試合に出るのはそれだけ難しいということ。ある程度完成している大卒選手ならまだしも、フィジカルやプロ意識などメンタル面に向上の余地を残す高卒選手が1年目からJ1で試合に出るのはレアケースと言ってもいいかもしれない。

そこでJ2である。

繰り返し述べてきたように、J1と比べて予算規模が小さいため、思うように戦力を整えられないという事情がある。年俸以外にも費用のかかる外国籍選手を抱えるのが難しく、日本人でも結果を出した選手はJ1に引き抜かれてしまう。

これは若手にとってチャンスの状況が生まれやすいことを意味する。J1で出場機会に恵まれなくても、Ｊ２では定位置を確保して試合出場を重ねられる選手はいる。

試合での経験は選手にとって、かけがえのない財産となる。練習でどれだけ充実した日々を過ごしていても、試合で得られる経験値には敵わない。出番がないためにくすぶっていた選手が、わずか数試合出場しただけで大きく変貌する姿を、僕はたくさん見てきた。

同じプロサッカー選手から見ても「数年後にこんな選手になるなんて」と驚くような成長を遂げる選手は意外と多い。反対に言えば、試合出場の場がなければ持っている才能が開花することなく消えてしまったかもしれない。

そこで次ページからは、Ｊ２でプレーしたことをきっかけに飛躍していった選手たちの実例を紹介していく。

サッカーファンならば耳にしたことのある名前ばかりで、Ｗ杯に出場して活躍した選手がほとんど。そんな彼らもキャリア序盤はＪ２で研鑽を積み、試合で得た経験を糧に大きく羽ばたいていった。

香川 真司（サラゴサ）

J2での活躍によって未来を変えた男

Jリーグの育成組織以外の選手で、高校生として初めてプロ契約を結んだのは真司（香川真司）らしい。

その事実からも早くから才能が認められていたのは間違いない。それでも高校生が簡単に試合に出られるほどJ1は甘くなかったのだろう。特に加入したセレッソ大阪は前線に個性ある選手が多いチームで、実際に真司もプロ契約した2006年は1試合も出場していない。

真司を取り巻く環境が変わったのは、チームが降格してJ2を戦うことになった翌2007年だ。

さらにシーズン序盤の不調によって監督交代となり、このタイミングでレヴィー・ク

香川真司はJ2で育ち、世界に羽ばたいた選手だ

ルピ監督と出会ったことが大きな追い風となる。

若手の育成に定評のあるクルピ監督は、監督就任から間もなく真司をスタメンに抜てきした。それまで途中出場でしかピッチに立ったことのない10代の選手を、先発に固定したのだ。こうして継続的に出場機会を得た真司は、このシーズンに35試合5得点という成績を残した。J2とはいえ高校3年生の時の話だから、やはり只者ではない。

Ｊ２をレギュラーとして１年間戦い抜いた経験が、２００８年と２００９年の〝爆発〟につながった。真司はこの２年間でＪ２リーグに79試合出場し、43得点を挙げている。ＭＦとしては特筆すべき得点力を持っていたことが一目でわかる数字だろう。世代別代表だけでなく日本代表にも選出され、チーム内外からの評価を高めた。

僕が真司と初めて一緒にプレーしたのは、その頃の日本代表だった。

当時の真司の印象は、正直言ってまだまだ子どもだった。あどけなさの残っている10代だったし、周りにいるのは実績ある選手たちばかり。岡田さん（岡田武史監督）に将来性を見込まれて招集されたとはいえ、どこか遠慮がちだった。

その後、２０１０年の南アフリカＷ杯では23人のメンバーに選ばれず、バックアップメンバーとして帯同することになったけれど、練習での存在感は際立っていた。チームに帯同しながらもピッチに立つ資格を持っていないのは、選手としてはとても悔しいはず。でも彼は胸の内に闘志を秘め、その状況でやれることをやった。Ｗ杯後の活躍を見れば、ここでの経験は無駄ではなかったのだろう。

こうして振り返ってみると、真司がJ1に出場していたのは2010年の上半期だけだ。前述したようにJ2で突出した活躍を見せていたからJ1昇格後も中心選手になるのは当然。でも、もしセレッソがJ2に降格せずクルピ監督を招聘《しょうへい》していなければ、真司の未来はまったく違ったものになっていたかもしれない。

南アフリカW杯後にドルトムント（ドイツ1部）へ移籍してからは、飛ぶ鳥を落とす勢いでスターダムへの階段を一気に駆け上がっていった。日本代表では10番を背負ってW杯を2回も戦い、クラブではマンチェスター・ユナイテッド（イングランド1部）に才能を買われていったのだから日本人トップクラスの実績を持つ選手だ。

香川真司のサクセスストーリーは、J2から始まった。

乾 貴士（エイバル）

W杯でも大活躍 スペインで結果を残すドリブラー

乾くん（乾貴士）といえば、野洲高校時代の全国高校サッカー選手権での活躍がインパクト大で名前を知っている人も多いだろう。テクニックに優れたグループのなかにあっても、彼のスキルとイマジネーションは飛び抜けていた。

当時すでにフランスでプレーしていた僕は、年末年始のオフで帰国していた時に野洲高校と乾くんのプレーを見た。トリッキーな技を実効性高く使いこなすパフォーマンスに目を奪われてしまったのを強く覚えている。

だから高校卒業後に横浜F・マリノスへ加入したのもおおいに頷ける。あれだけのポテンシャルを持っている選手を、J1のチームが放っておくはずがないから。

でも強豪のマリノスでは実績ある選手たちの壁に阻まれ、出場機会が限られてしまった。どんな才能の持ち主でも、ピッチに立たなければ価値は半減し、能力も伸びていかない。そうやって埋もれていった選手は過去に数多くいるはずだ。

乾くんの経歴を振り返ると、そこで立ち止まらずに素早く決断できたことが後の成長につながった。

マリノスでのプレーに固執せず、加入して1年半というタイミングでJ2のセレッソ大阪へ期限付き移籍という形で武者修行に出た。カテゴリーを下げることに抵抗があったかもしれないけれど、より試合出場に近いのはJ2だ。違うJ1のチームに移籍しても試合に出られなければ状況は変わらない。ここでセレッソへの移籍を決断したことがすべてを好転させるきっかけになったのを考えると、人生を左右するかもしれない移籍時の決断力も選手の能力のひとつだと思う。

移籍先のセレッソでは、指導者とチームメイトに恵まれた。

先述したが、レヴィー・クルピ監督は若い選手を積極的に起用するタイプで、乾くんは水を得た魚のように躍動した。さらに真司という共鳴し合う仲間と出会い、二人でゴールを量産した。数年後に海外移籍を果たし、W杯でも躍動するコンビがJ2にいたのだから、他のチームはひとたまりもないだろう。

乾くんはチームのJ1昇格に貢献し、さらなるステップアップとして真司を追いかけるように欧州へ移籍した。そこでも最初はブンデスリーガ（ドイツ）2部のボーフムからスタートし、結果を残して1部リーグへの個人昇格を果たす。日本だけでなく欧州でも2部リーグを有効活用した好例といえる。

最近では久保建英《たけふさ》くんがレアル・マドリー（スペイン1部）へ完全移籍（その後、同じく1部のマジョルカへ期限付き移籍）して大きな話題になったけれど、乾くんはスペインリーグで継続的に実績を残した初めての日本人だと思う。高い技術が求められるスペインで居場所を確保するのは想像以上に難しいはずで、もっと評価されるべきだと思う。新しい道を開拓したフットボーラーとして、彼の功績はとても大きい。

どんな時でも笑顔を絶やさずボールと戯れている印象の強い乾くんだけれど、彼のキャリアは決して順風満帆ではなく、むしろ山あり谷ありのサッカー人生を送ってきた。J2でのプレーが後の飛躍の足掛かりとなり、日本を代表するドリブラーとして名前を轟かせることができた。

酒井　宏樹（マルセイユ）

J2でプロデビューし、日本を代表するサイドバックへ

僕は海外生活の多くの時間をフランスで過ごしてきた。計4クラブで約8年間戦った経験があるので、あの国でプレーヤーとしての地位を確立する難しさは誰よりも知っているつもりだ。

そこで名前を挙げたいのが酒井宏樹くんだ。

彼のキャリアを振り返ると、柏レイソル時代にJ2を経験している。チームがJ1にいた前年はルーキーイヤーだったこともあって出場ゼロに終わったけれど、プロ2年目にJ2の舞台でデビューした。試合数の問題ではなく、ここでプロとしての第一歩を踏み出せたのが大きかった。僕が今、横浜FCで一緒にプレーしているレアンドロ・ドミンゲスと右サイドでコンビを組めたことも彼の成長を促したのだろう。

そこからの成長スピードはすさまじいとしか言いようがない。2012年のロンドン五輪を経てJリーグのベストイレブンにも選出され、ドイツのハノーファー（1部〈当時〉）へ。ここで4シーズンを過ごし、リーグ・アン（フランス1部）の名門・マルセイユにステップアップ。そして今日に至るまで絶対的なレギュラーとして試合出場を重ねている。

フランスという国は文化的にも優れているので、華やかなイメージを持っている人が多いかもしれない。パリは『芸術の都』と呼ばれているくらいだし、有名な芸術家や画家を数多く輩出している。歴史的な建造物や世界遺産などもたくさんあるので、旅行や観光にもオススメだ。

ただしサッカーに関しては、日本人の想像以上にフィジカルが重要視される。とにかく局面での1対1に勝たないことには話にならない。1対1で勝てない選手は試合に使われないので、対面する選手とのマッチアップは冗談抜きに〝生存競争〟だ。

僕のような攻撃的な選手の場合、ボールを持った瞬間に相手DFの激しいチャージやスライディングタックルが飛んでくる。そこで簡単にボールを失っているようでは仲間からの信頼は得られないし、当然評価もされない。文字通り、自分の道は自分で切り拓くしかない世界だ。

反対に、酒井くんはDFなので「奪うこと・止めること・抜かれないこと」の3つが最大のテーマになる。フランスには欧州諸国だけでなく、南米やアフリカからも野心を持った選手が集まり、彼らは目をギラギラさせながら果敢に勝負を仕掛けてくる。常にスピードとパワーを兼ね備えたモンスターのような選手たちを相手にしなければいけないというわけだ。

そういった環境でレギュラーポジションを獲得しているのは本当にすごいこと。サイドバックとしては佑都（長友佑都／ガラタサライ）やウッチー（内田篤人《あつと》／鹿島アントラーズ）が先輩として作った道を、酒井くんがさらに耕し、後輩へバトンをつなげていると思う。

マルセイユはパリに次ぐフランス第2の都市でもあり、サポーターからのプレッシャーも大きいはず。だからフィジカルだけでなくメンタルが強くなければ生き残っていけない。弱肉強食の世界でしっかりと生き抜いている酒井くんは本当にすごい。

槙野 智章（浦和レッズ）

J2でポジションを掴んだポジティブDF

とにかく明るい槙野智章くん。

僕と槙野は代表チームで一緒にプレーしたことがある。世間的には『ムードメーカー』のイメージが強いと思うけれど、実際の槙野は……そのままムードメーカーだ（笑）。

代表活動中に誰かが誕生日を迎えれば、裸になって全力で祝福する。アルベルト・ザッケローニ監督時代には、シャツに「試合に出してくれ」と日本語でメッセージを書いてアピール。振る舞いがあまりにもユニーク過ぎるので、ずっと一緒にいるとこちらが胸やけを起こしてしまいそうになる（笑）。

そんな槙野がシーズンを通して試合に出るようになったのは、サンフレッチェ広島がJ2リーグを戦った2008年からだった。

それ以前の2年間はチームがJ1にいて槙野自身も若かったので、試合に出るのが難しかったのだろう。でも降格した時に主力選手が移籍でチームを去るケースはよくあって、ポジションが空くということは誰かにチャンスが巡ってくることを意味する。

広島の場合は、2006年途中からミハイロ・ペトロヴィッチ監督（現・北海道コンサドーレ札幌監督）が就任して新しくチームを作り直す過程だった。それとJ2降格のタイミングが重なり、監督にとっては槙野のような若手を思い切って起用しやすい状況だったのだろう。

レギュラーポジションを掴んだ槙野は1年でのJ1復帰に貢献し、昇格後は押しも押されもせぬ中心選手になった。ドイツへの海外移籍を経て、その後は今も在籍している浦和レッズの一員としてプレーしている。

結局、J2でプレーしたのは2008年のシーズンだけ。それでも出場機会を掴んだという点で意味のある1年になったはず。槙野のようなポジティブな性格の選手は、いろいろな経験を肥やしにできるので、J2でのプレーはまったくマイナスにならない。あっ、もちろん明るいだけでは槙野のように大成しないので、あしからず（笑）。

中島　翔哉（ＦＣポルト）

移籍の新たなモデルケースとなった日本代表の10番

最近の日本代表で背番号10を背負っている中島翔哉くんは、キレキレのドリブルが武器で見ていて楽しい選手だ。

でも注目したいのはプレースタイルだけではない。彼の経歴を振り返ってみると、他の選手とは違う道を歩んでいることがわかる。

中島くんは東京ヴェルディの育成組織出身で、早くから将来を嘱望される選手だった。高校3年生になるシーズンから2種登録としてＪ２のピッチに立ち、ゴールという結果も残している。ただしプロ契約した翌年は監督交代などもあって、出場機会が減ってしまったようだ。

すると次のシーズンにすぐさま移籍を決意。形としてはＪ１のＦＣ東京に引き抜かれる完全移籍になったけれど、すぐさまJ2のカターレ富山へ期限付き移籍する。

サッカーに馴染みのない人にとってはトリッキーな展開でわかりにくいかもしれない。だからここはしっかり解説する必要があるだろう。

中島くんのように2部から1部に完全移籍し、即レンタル移籍でカテゴリーを下げるというパターンは、欧州でよく使われる手法だ。

ビッグクラブがまだ実績のない選手を青田買いするとしよう。でも自チームではすぐに出場機会を得られないので、出場のチャンスが増える2部リーグへレンタル移籍で貸し出す。そこで結果を残せた選手はレンタルバックでチャンスをもらえるかもしれないし、他クラブの目に留まって違うルートを探索することもできる。いずれにせよ試合に出なければ何も始まらないということだ。

最近だと、川崎フロンターレからマンチェスター・シティ（イングランド1部）に完全移籍した板倉滉《こう》くんは、労働ビザの問題もあってプレミアリーグでは出場できないので、すぐにオランダ1部のフローニンゲンへ期限付き移籍した。シティのような世界的なビッグクラブですぐに出場機会を得るのは難しいので、オランダやベルギーといった

出場チャンスを求めて移籍したJ2・カターレ富山（現 J3）時代

欧州ではセカンドクラスの国はステップアップの場に適している。

少し脱線してしまったので中島くんの話に戻そう。

富山でコンスタントに出場した中島くんは、そのシーズンの夏にFC東京へ復帰している。これは富山での活躍が認められ、さらにFC東京のチーム事情も重なったのだろう。ここで初めてJ1のピッチに立つことができたわけだから、J

2でのプレーは無駄にはならなかった。

FC東京でプレーしたのは2014年夏から2017年夏までの3年間で、その後はポルティモネンセ（ポルトガル1部）へ海外移籍を果たす。

ここからがまた面白い。

ポルティモネンセで約1年半プレーした中島くんは、カタールのアル・ドゥハイルSCへ完全移籍した。当時の移籍金は3500万ユーロ（約43億7500万円）とも言われている。

まだ24歳という年齢で、欧州でのキャリアをスタートさせて間もない時期に、なぜ中東のカタールへ移籍したのか。不思議に思った人は多いだろうし、僕もニュースで聞いた時は少し驚いた。

でもその驚きはポジティブなもので「日本人にもそんな時代がやってきたのか」と感慨深いものがあった。この移籍について詳しい経緯はわからないけれど、中島くんは外国人に似た感覚を持っているのだと思う。

ポルトガルほどレベルが高くないカタールに行くことに抵抗を覚える選手は多いはず。

でも彼の場合はプロとしてのキャリア形成を考え、決断できた。年俸が上がったのは間違いないだろうし、さらにわずか半年の在籍で自身の価値を下げることなく欧州の舞台へ帰ってきた。しかも今度は同じポルトガル1部でも名門のFCポルトに所属しているので、着実にステップアップしている。

人生を長い目で見た時に、中東や中国といった経済面で潤った国を1～2年挟むのは悪い選択肢ではなくて、むしろ新しい手段として考えられてもいい。サッカー選手も人間なので、生きていくためにお金は必要なのだから。ただし年齢的にさらなる成長が見込めるのならば、長居は禁物だと思う。

繰り返しになるけれど、大切なのは自分の価値を下げないこと。お金だけがすべてではなく、目的のひとつとしてどのように考えるのか。ビジョンをしっかり持つことが大切になる。

これからも、中島翔哉の物語から目が離せそうにない。

冨安 健洋（ボローニャ）

カテナチオの国で躍動する21歳の大型DF

日本人DFとしては、かつてないほどの大物になるかもしれない。そんな予感を漂わせているのが、セリエAのボローニャで活躍している冨安健洋くんだ。

センターバックの選手にとって、欧州移籍はとてもハードルが高い。日本人の場合は欧州や南米、あるいはアフリカ諸国の選手と比べて骨格が小さく、そもそもの身体能力やバネでどうしても見劣りしてしまう。

技術や敏捷性でカバーすることのできる攻撃的なポジションであれば、日本人は世界とも渡り合っていけるだろう。実際に、これまで欧州で実績を残した選手の大半は、攻撃的MFやサイドアタッカーだった。

冨安くんの場合、21歳という若さで、守備の国・イタリアでレギュラーを張っていることに価値がある。188㎝と高さがあるだけでなく、スピードがあって守備範囲も広い。前方向にチャレンジすべき場面では人に対して強く戦えるし、背後のスペースのカバーリングにも長けている。最近の日本代表戦を見て「ついに日本人にもこんなDFが現れたのか」と思わず唸ってしまった。

彼はアビスパ福岡の育成組織出身で、ユース所属時にプロ契約を結んだ。公式戦デビューしたのはJ1リーグだったけれども、定位置を掴んだのは福岡がJ2にいた2017年だ。このシーズンのパフォーマンスが認められると、翌2018年1月にはすぐさま海を渡ってしまった。

真司とは違って日本代表に選ばれる以前に欧州へ移籍し、その後に日の丸を背負うようになった。これは海外のスカウトの目が日本代表やJ1だけでなく、J2にも向けられていることを意味する。世代別代表でのパフォーマンスがきっかけかもしれないけれど、その後のリーグ戦を継続的に観察した上で獲得に至ったのだから。

久しぶりに現れた大物センターバックは、来年の東京五輪でも中心選手として期待がかかる。そして、数年後には日本を背負って立つDFになっているだろう。

川島 永嗣（RCストラスブール）

ピッチ上で咆哮し、チームメイトに勇気を与える

シュートストップ後の〝どや顔〟で有名になった永嗣《えいじ》（川島永嗣）もJ2出身プレーヤーのひとりだ。

2010年南アフリカW杯での活躍によって知名度を上げた。以降は2014年ブラジルW杯、2018年ロシアW杯と3大会連続で正守護神としてゴールマウスを守り、日本サッカー史に名を残すGKとなった。

でも実際に歩んできた過程は苦労人そのもの。決して順風満帆なサッカー人生ではなく、いばらの道を選んで歩いてきたような人物だ。

キャリアをスタートさせたJ2・大宮アルディージャでポジションを掴んだのはプロ3年目のこと。GKはポジションがひとつしかなく、経験が重要視されるので若い選手

W杯3大会出場中の川島永嗣もJ2出身

が継続的に試合出場するのはとても難しい。

　大宮でのパフォーマンスが認められてＪ１の名古屋グランパスに移籍したけれど、名古屋にはナラさん（楢崎正剛《ならざきせいごう》／引退）が君臨していた。簡単にポジションを奪えるはずもなく結局、永嗣は3年間の在籍で17試合しか出場できなかった。

　ようやくスポットライトを浴びたのは川崎フロンターレに加入してからで、たしか25歳のシーズンのはず。ここまで苦しい時間が長かったと思うけれど、努力は裏切らないことを証明してみせた。

南アフリカW杯以降は欧州クラブを転々としているイメージが強いけれど、本人は日本に帰ってくるつもりはなさそうだ。永嗣は語学が堪能ということもあって、海外での生活に不自由することはあまりないのだろう。

試合出場の機会に恵まれなくても、欧州で腕を磨くという信念を持って生きている。僕のなかでは日本人がよく例えられる侍というよりも、本場の世界でずっと修行し続ける板前や寿司職人といったイメージが強い。

ピッチ上で咆哮する永嗣はチームメイトにとっても心強い存在。我慢や辛抱の時間を長く過ごしたからこその迫力や雰囲気があるのだと思う。

田中マルクス闘莉王（京都サンガF.C.）

アテネ世代の盟友は苦難を乗り越え、日本代表へ上り詰めた

僕と闘莉王《トゥーリオ》（田中マルクス闘莉王）の出会いは高校3年生まで遡る。

当時、闘莉王は千葉県の渋谷幕張高校に留学生として通っていた。その時から身体能力が高く、存在感は際立っていた。

闘莉王は千葉県代表として、鹿児島実業高校に通っていた僕は鹿児島県代表として、国体（国民体育大会）のピッチで対戦した。千葉県代表にはジェフユースの阿部ちゃん（阿部勇樹／浦和レッズ）や寿人（佐藤寿人《ひさと》）と勇人（佐藤勇人《ゆうと》）（ともにジェフユナイテッド千葉）の双子の兄弟がいたし、僕のチームメイトには那須（那須大亮《なすだいすけ》／ヴィッセル神戸）といった、今になって考えてみると豪華な顔ぶれが揃っていた。

試合は1対0で千葉県代表が勝利した。僕がいた鹿児島県代表は惜しくも敗れてしま

ったけれども、正直誰に得点されたのかは覚えていない（苦笑）。でも闘莉王だったら印象に残っているはずなので、たぶん闘莉王以外の選手だと思う。

闘莉王がプロ入りしたのはＪ１のサンフレッチェ広島で、最初の２年間はそこそこ試合に出場していたと記憶している。

ただし、当時の闘莉王は日本国籍を取得していなかったためブラジル人という扱いで、外国籍選手枠という異なる競争にも身を置いていた。最近は拡大傾向にあるけれど、Ｊリーグは長い間、外国籍選手枠が３人だった。

プロ３年目、闘莉王はその問題に直面する。広島の外国籍選手枠から漏れてしまい、試合に出場できなくなってしまった。そこで闘莉王はＪ２の水戸ホーリーホックへ期限付き移籍する道を選ぶ。

このシーズン、闘莉王はＤＦながら10得点を記録し、その名を轟かせた。同じ年の10月には念願の日本国籍を取得して、翌年のアテネ五輪にも出場した。その後のＪリーグでは浦和レッズや名古屋グランパスを優勝へ導いたように、闘莉王がいるチームはいつも強い印象がある。

ＤＦながら豪快なプレースタイルや歯に衣着《きぬ》せぬ発言から、破天荒なイメージが先行していると思うけれど、ステージ裏では地味な努力を重ねている。アテネ五輪の時から南アフリカＷ杯の時まで、時間を見つけては辞書を見ながら日本語を勉強していた。

仲間みんながその人間性を知っているので、最近よく同世代の選手を中心に開催される『アテネ会』ではやっぱり闘莉王が中心のひとりになる。闘莉王はよく喋るので、関西出身の僕はすかさずツッコミを入れている（笑）。

水戸で過ごした1年間は環境や言葉など、さまざまな苦難があったはず。それでも誰にも負けない意志の強さがあったから、居場所を勝ち取ることができたのだと思う。

中村 憲剛（川崎フロンターレ）

J1連覇の立役者も実はJ2経験者

中村憲剛《けんご》といえば川崎フロンターレ。

川崎フロンターレといえば中村憲剛。

大げさではなく、それくらいの存在だと思う。憲剛はフロンターレ一筋のプロ人生を歩んでいる文字通りのバンディエラ（イタリア語で旗頭の意味）だ。

僕はJ2リーグで一度だけ憲剛のいるフロンターレと対戦したことがある。

フランスに行く直前の2004年のことで、その時の憲剛は今ほど絶対的な存在ではなかった。というのも、当時のフロンターレにはジュニーニョという快足ストライカーがいた。

試合はそのジュニーニョに得点を奪われ、僕たち京都は0対1で敗れた。「J2にもこんなすごいＦＷがいるのか」と驚いたことを鮮明に覚えていて、ジュニーニョはＪ１に舞台を移してからも活躍していた。Ｊ２にも能力の高い外国籍選手はいて、特に点取り屋という役割はカテゴリーを問わず力を発揮する傾向にある。

そんな選手がいたものだから、当時の憲剛の印象は地味で、正直あまり覚えていない（苦笑）。前線にいるジュニーニョへシンプルにボールを預ける役割をこなしていたような気がするくらいだ。

それが、今ではＪリーグを代表するＭＦとして名を馳せ、Ｊ１連覇の立役者になった。新人の頃からＪ２で試合出場を重ねて自信をつけ、チームメイトにも恵まれて持っていたパス能力が引き出された。本当に叩き上げで今の地位を築いてきた選手だ。

これはこぼれ話だけど、僕がボランチという新しいポジションにチャレンジする時に、憲剛に「ボランチはどうやったらいいいの？」と相談したことがある。その時の憲剛の答えは、

「今度、ホワイドボードを持っていって説明するよ」

とても律儀な選手だ。

フッキ（上海上港）

J2からセレソンにまでたどり着いた規格外FW

J2は、将来的にワールドクラスに成長する外国籍選手も在籍していた歴史を持っている。

その代表格として、フッキの名前を挙げたい。

フッキがJ2で大暴れしたのは僕がフランスに移籍した後なので対戦経験はない。ただ、フランスに行ってからも噂は耳にしていたし、映像だけでもかなりのインパクトを受けたことを覚えている。

まずフィジカルの強さが半端なかった。まるで映画に登場する肉体派のヒーローみたいに、相手に囲まれても突進力がまったく衰えない。DFを弾き飛ばしてゴールに突き進む姿は脅威で、シュートの威力もとにかくすごかった。

来日して最初に加入したのは川崎フロンターレだったけれど、外国籍選手枠の問題で出場機会を得られなかった。そこで２００６年はコンサドーレ札幌（現・北海道コンサドーレ札幌）、２００７年は東京ヴェルディに期限付き移籍した。

そして爆発的な得点力を示す。２年間で計80試合に出場して62得点。試合に出場すれば約８割の確率でゴールするわけだから、ちょっと規格外だ（苦笑）。もはやフッキの存在そのものが『戦術』になっていたといっても過言ではないだろう。

フッキはＪ２での活躍を足掛かりに、欧州へ。さらにブラジル代表にも選出されるようになり、２０１４年のブラジルＷ杯にも出場した。近年は資金力を持つ中国１部・上海上港の一員として、アジアチャンピオンズリーグの舞台でＪリーグ勢の前に立ちはだかっている。

これだけの実績を残しているのだから、ほとんどプレーしていないＪ１でも、おそらくすごい結果を出していたはず。日本代表クラスの選手とのマッチアップを見たかった気もする。

僕のなかでフッキは、間違いなくＪ２歴代最強の助っ人だ。

朴《パク》 智星《チソン》（元・京都パープルサンガ）

苦楽を共に乗り越えた韓国の英雄

Jリーグから世界へ羽ばたいた選手として、朴智星を忘れるわけにはいかない。僕とチソンは同じ2000年に京都パープルサンガ（現・京都サンガF.C.）へ加入した、いわゆる同期だ。日本の学年では早生まれのチソンが1学年上になるけれど、同じ1981年生まれなのでとても仲が良かった。

僕は前髪を揃えたおかっぱ頭のチソンと、よく一緒に韓国料理を食べに行った。もう20年も前の話なので、お互いに年を取ったものだ（笑）。

韓国からやってきたチソンは母親と一緒に住んでいて、すごく勉強熱心だった。彼は3年間の在籍期間のうちに日本語を完璧にマスターしてしまった。ピッチ外での勤勉な姿勢もチソンの能力のひとつだろう。

僕がフランスへ移籍した時にも感じたことだけれど、海外でプレーする上で語学は絶対に欠かせない。監督やチームメイトとコミュニケーションを円滑に取れるかどうかがパフォーマンスにも大きく影響してくる。

チソンがJ2でプレーしたのは2001年の1年だけ。でも、その1年で僕とチソンは思う存分サッカーを楽しんだ。

中央に黒部さん（黒部光昭《てるあき》／引退）がいて、右にチソン、左に自分がいる3トップはバランスが良かった。僕は中央に入ってプレーする場面も多かったけれど、その時は左ウイングバックの鈴木慎吾さん（引退）がオーバーラップしてスペースを活用してくれた。

異国の地で自信をつけたチソンは2002年の日韓W杯でブレイクする。ベスト4入りに大きく貢献し、世界中に存在感を示した。

W杯後のチソンは、まったく別人になった。すべてにおいて自信がみなぎっていて、おかっぱ頭で幼さの残るチソンではなくなった。そのシーズンは天皇杯タイトルも一緒に取れて、これは僕がプロになって初タイトルだったので最高にうれしかった。

そしてチソンはJリーグから欧州へ戦いの場を移した。

最初に移籍したクラブはオランダ1部のPSVアイントホーフェンで、そこでのパフォーマンスが認められて当時・世界トップクラスの実力を誇っていたマンチェスター・ユナイテッド（イングランド1部）へ。名将アレックス・ファーガソン監督率いるユナイテッドでプレミアリーグ3連覇や欧州チャンピオンズリーグ制覇に貢献し、瞬く間に世界的な選手になってしまった。

実は、僕が海外移籍を意識するようになったのはチソンの存在が大きかった。元チームメイトが欧州で活躍する姿を見て、「自分もあの舞台に立ってプレーしたい」と強く思うようになった。同じ1981年生まれということもあって意識したし、たくさん刺激をもらった。

当時は欧州トップクラスのクラブでプレーするアジア人はほとんどいなかったはず。ローマでプレーしていたヒデさんくらいで、チソンが活躍したことで新しい可能性を示してくれた。

J2からステップアップしていったチソンを、僕は自分のことのように誇らしく思う。

第5章　J2全チーム総評

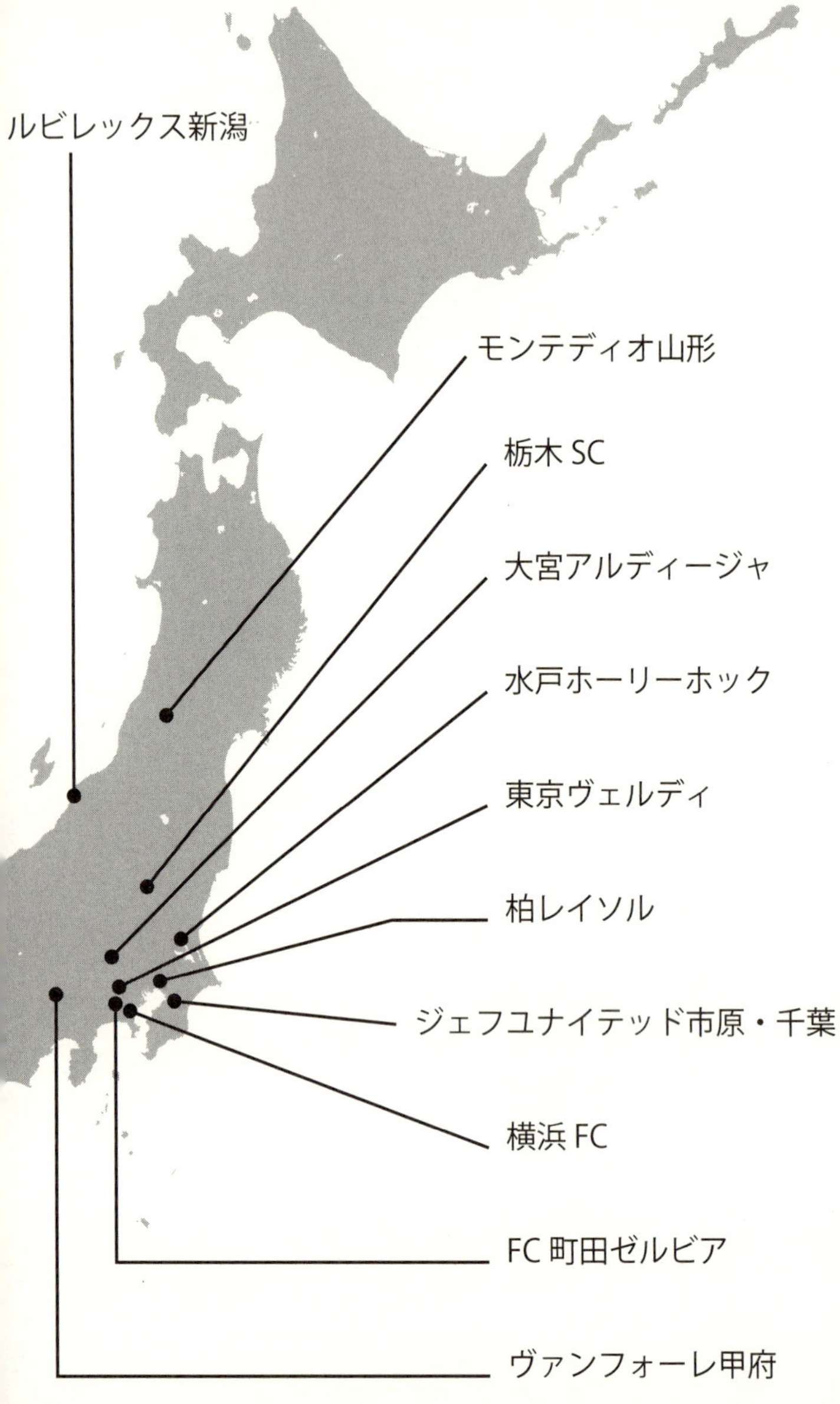
ルビレックス新潟
モンテディオ山形
栃木 SC
大宮アルディージャ
水戸ホーリーホック
東京ヴェルディ
柏レイソル
ジェフユナイテッド市原・千葉
横浜 FC
FC 町田ゼルビア
ヴァンフォーレ甲府

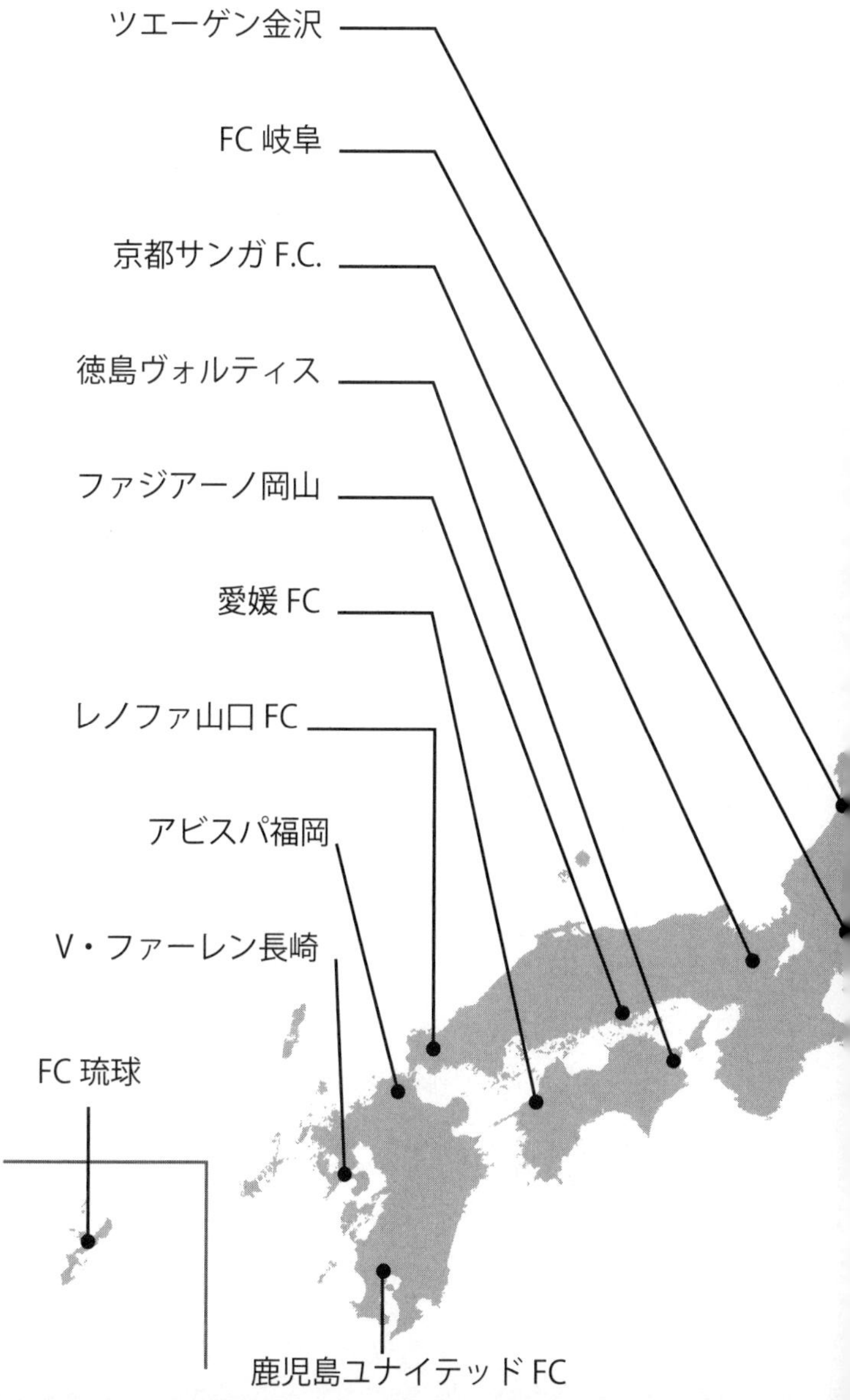
ツエーゲン金沢
FC 岐阜
京都サンガ F.C.
徳島ヴォルティス
ファジアーノ岡山
愛媛 FC
レノファ山口 FC
アビスパ福岡
V・ファーレン長崎
FC 琉球
鹿児島ユナイテッド FC

北は山形から南は沖縄まで　J2全チーム総評

この章では、J2に所属する全22チームについて、僕なりの印象や知識を紹介していきたい。

『十人十色』という四字熟語があるけれど、J2はまさしくその言葉がふさわしいリーグだと思う。各チームにそれぞれ異なる特色があるので、解説を参考にして興味を持ってもらえたら幸いだ。

P140～141の一覧地図を参照してもらえればわかるように、北は山形から南は沖縄まで、日本全土に点在しているのがJ2の特徴だ。

国土面積そのものは、僕がかつてプレーした経験のあるロシアほど広くないものの、日本は南北に長い島国で、ご存知のとおり四季がある。そのため地域によってさまざまな悩みや問題を抱えているのが実情なのだ。対戦相手以外に〝敵はウチに潜んでいる〟ことが多々ある。

例えば、同じ2月でも山形と沖縄では気候がまったく違う。当たり前のことなのだが、これがチームのスケジュールや方針に大きな影響を及ぼすのがＪ２だ。

東北地方の山形は冬に雪が降り積もる。するとチームは練習グラウンドすら使用できない状況に陥ってしまうので、ホームタウンを離れてトレーニングを行うしかない。対して、亜熱帯に属する沖縄では多くのＪクラブがキャンプを実施し、温暖な気候の下でシーズンを戦い抜くための体作りを行う。日中に太陽が顔を出していれば半袖のユニフォームでも汗ばむくらいの陽気になるのだから、東北地方とはまったく違う。

現在の22チームには、Ｊ２元年の１９９９年からＪ２で戦っているチームがいれば、今年初めてＪ２に昇格した新しいチームもある。それぞれのチームに歴史があって、それは違う角度から見ると異なる事情と言ってもいい。クラブ間の格差は間違いなくＪ１の18チーム以上に大きい。

誤解を招かないように言っておくと、各チームの総評はあくまでも僕個人の見解で、すべてのチームに所属していたわけではないから印象優先になっているところもある。あえてサッカー以外のテーマに重きを置いているチームもあるので、読者の方々にクスッと笑ってもらったり、共感してもらえたら、とてもうれしい。

モンテディオ山形

開幕前は長期遠征　雪国の苦労は絶えない

現在のJ2最北端にあたるチームが、モンテディオ山形だ。山形はJ2元年の1999年にJリーグに加盟したチームで、2009年から2011年の3年間と2015年の計4年間はJ1で戦った実績もある。

このチームは伝統的に守備が堅い。時代が移り変わってもディフェンスに重きを置いて戦うスタイルは不変になっている。

かつては4バックで自陣にブロックを形成して守っていた印象だけど、昇格争いを演じている今年は3バックを採用している。システムを変更しても守備意識の高さは相変わらずで、チーム全体が組織的かつ粘り強く、そして攻撃になった時のカウンターは鋭く、速い。J2の特色とチームの系譜が見事にマッチしているチームとも言える。

章の冒頭でも触れたように、山形は雪国なので冬場はいろいろ苦労することが多いようだ。

新チームが始動する1月上旬から中旬だけでなく、真冬にあたる2月は練習グラウンドがまったく使えない。そのため始動直後からシーズン開幕を迎える約1ヵ月半を長期遠征で過ごさなければならない。場所を変えて一次キャンプ、二次キャンプ……といった具合に転々としながらシーズン開幕を迎えるのだから、想像するだけでも大変だ。

ようやく自宅に戻ってこられるのは3月上旬らしい。これは選手にとって肉体的にも精神的にも負担で、ストレスは計り知れない。苦労は開幕後も続き、アウェイゲーム時の移動の負担はかなり大きいはず。僕が在籍するチームである横浜から最も時間のかかるアウェイで、裏返すと山形の選手たちは毎回移動に時間と労力を割いているということ。粘り強い守備やタフなメンタルはそういったところで培われているのかもしれない。

そんな苦労を知ってか、スタジアムに集まるサポーターはとても温かい。東北地方の中心は仙台かもしれないけれど、山形にはモンテディオ山形がある。地域に根差すことが理念のJリーグらしいチームとして、これからも存在感を発揮していくはずだ。

水戸ホーリーホック

評価急上昇中の育成クラブ　納豆も忘れずに

Ｊ２リーグが２年目を迎えた２０００年に加盟し、それからずっとＪ２を戦っている水戸ホーリーホック。２００９年にケーズデンキスタジアム水戸が完成し、最近ではクラブハウスなどの設備も整ってきたようだ。

ひと昔前はＪ２の下位に沈んでいるイメージが先行していたけれど、『育成の水戸』として有能な人材を輩出してきたのはサッカー界で有名な話。闘莉王や塩谷司《しおたにつかさ》くん（アル・アインＦＣ／ＵＡＥ）は水戸で大きく成長して日の丸を背負った選手として名を馳せている。

また、近年の水戸は期限付き移籍を有効活用して、ファン・サポーターのみならず選手間での評判も上げている。Ｊ１チームで出番のない若手選手をレンタルで獲得し、成長を促すと同時にチームの力に還元していく。限られた予算内でやり繰りすることに長けたクラブという見方ができる。

そこで名前を挙げたい選手が、ジュビロ磐田から期限付き移籍で水戸に加入している小川航基だ。僕は磐田在籍時に航基と一緒にプレーしたことがあるけれど、彼はストライカーとしての得点感覚など、非凡なセンスを持っている。磐田では出場機会に恵まれず、本来の能力を発揮する場がなかった。

水戸に加入してからの航基はコンスタントにプレータイムを確保し、持ち前の得点能力を発揮している。もともとこの世代をリードする選手の一人で、個人的には2020年に開催される東京五輪でも期待している。これからの伸びしろへの期待は大きく、水戸への移籍は彼にとってポジティブな決断になったはず。J1からJ2へカテゴリーを下げることが成功への近道になる場合は数多くある。

最後に、水戸と言えば『水戸納豆』の存在を忘れるわけにはいかない。僕はアウェイで水戸へ行った際に必ず食べているし、お土産としても欠かさず買っている。ご当地料理の代表的存在として、これまでもこれからもお世話になり続けるだろう。

栃木ＳＣ

餃子県に生まれた北関東のＪクラブ

僕はジュビロ磐田在籍時代に静岡県浜松市に住んでいて、浜松餃子が大好きだった。だから餃子消費量で浜松と毎年１位を争っている栃木の宇都宮は、勝手にライバルだと思っている（笑）。

その宇都宮をホームタウンとするチームが栃木ＳＣだ。

２００９年にＪ２に加盟し、北関東の県では最も遅いＪクラブとなった。それからは茨城県の水戸ホーリーホックや群馬県のザスパクサツ群馬（現・Ｊ３）とライバル関係を築き、北関東３県がともに切磋琢磨してきた。

ただ近年の成績を見ると苦戦が続いているようだ。

２０１５年のＪ２で最下位の22位に低迷し、２０１６年と２０１７年はＪ３で過ごした。再昇格を果たした2018年以降もなかなか上位争いに加われていない。

　どちらかというと守備に軸足を置いていて、得点力に課題を抱えているのだと思う。そういったチームは特に開幕ダッシュが大切だけど、ここで躓《つまず》くと出遅れを取り戻すことが難しい。少ないチャンスを生かして勝ち切れれば自信になる反面、結果が出ないと人間はどうしても疑心暗鬼になってしまう。

　そんな時にチームを後押しするのがファン・サポーターの存在だ。特に栃木のような後発地域の場合、地元の人たちの温かい声援が大きな力になるはず。

　前述したように、栃木はJクラブのなかでは後発にあたる。だから地元の人たちも、かつては他県のチームを応援するしかなかった。栃木県という地理面を考えると、茨城県にある鹿島アントラーズや埼玉県の浦和レッズを応援しようと考えるサッカーファンが少なからずいたと思う。

　そういった人たちを取り込むことができれば、地域密着が大きな武器になる。プロの世界なので結果はもちろん大事。でも結果が出なかったとしても、チームの存在そのものが必要とされれば、それはある意味で成功と言えるのではないだろうか。

大宮アルディージャ

J2屈指の資金力を活かして昇格を狙う

大宮はNTTグループを母体に持っており、J2屈指の資金力を誇るチームだ。J1から降格しても目に見える限りは予算規模が大きく下がっていないので、能力の高い選手を揃えるのは容易《たやす》い作業だろう。かつては夏の移籍ウインドーで外国籍選手が加入するのが〝お家芸〟になっていた。

J2元年の1999年からJ2リーグを戦うという歴史を持ち、6シーズン目の2004年に悲願の昇格を果たした。その後、J1ではなかなかタイトルを争えなかったけれど、毎年のように降格の危機に瀕しながらも『残留力』を発揮してトップリーグに踏みとどまっていた。

でも2014年に初の降格を味わってからは、J1とJ2を行き来する状況が続いている。J2のなかで地力がトップクラスなのは間違いないが、ここぞという場面での決定打に欠ける印象を抱いているのは僕だけではないだろう。

それはホームタウンの大宮が持つ地域性と無関係ではないかもしれない。

東京から電車に乗って30分程度の近距離にある都市で、独自性を打ち出すのが難しい場所だと思う。さらに大宮市は2001年に浦和市、与野市と合併してさいたま市の一部となったことで、同じ県にある浦和レッズとのライバル関係はより複雑になった。

横浜FCは今年の対戦で1分1敗と大宮に勝てず、特に後半戦の対戦では一進一退の攻防ながら相手の守備網を突破できなかった。過去に横浜FCとV・ファーレン長崎を昇格に導いた実績を持つ高木琢也監督の就任によって、攻守両面が整備された。それは負けの数が減って引き分けの数が増えた成績にも表れている。

個人的に大宮のNACK5スタジアムはプレーしていてすごく気持ちいい場所。ピッチはいつも綺麗に整備されていて、スタンドとの距離も近く、観戦する側は日本屈指の臨場感を味わえると思う。でも、どのチームも大宮の手堅い組織を崩せず、ロースコアになることもしばしばあるので、あしからず。

ジェフユナイテッド市原・千葉

オシム時代にタイトルを獲得したオリジナル10クラブ

ジェフユナイテッド市原・千葉はJリーグが誕生した1993年からJリーグに籍を置く、いわゆる『オリジナル10』として日本サッカーの歴史を彩ってきた。

当時は元西ドイツ代表のピエール・リトバルスキーなどワールドクラスの名手が在籍し、日本人でも城彰二さんなど錚々《そうそう》たる顔ぶれが揃っていた。テクニカルなサッカーと黄色いユニフォームは今でも僕の目に焼き付いている。

千葉の黄金期は、イビチャ・オシム監督が率いていた2003年から2006年途中までの3年半だろう。『考えて走るサッカー』を代名詞に、2005年にナビスコカップで初タイトルを獲得。僕と同級生の阿部ちゃんが中心となり、魅力的なサッカーでリーグを席巻《せっけん》した。

それなのに、ここ最近の千葉はなぜか元気がない。２００９年にＪ２降格の憂き目に遭ってからは、一度も昇格を果たせていない。

サッカー専用スタジアムのフクダ電子アリーナ（通称・フクアリ）は素晴らしいスタジアムで、クラブハウスも充実の設備が整っていると聞く。後押ししてくれるファン・サポーターにも熱があるし、予算規模も決して小さくない。Ｊ２で手をこまねいているようなチームではないはずなのに……。

もしかしたらオシムさんという印象的な監督がいた影響で、なかなか次のステップに進めていないのかもしれない。自前の選手が育っているという話はあまり聞こえてこないし、資金力があるから補強に動くのも難しくない。それがかえって新陳代謝を遅らせている原因なのかもしれない。

千葉といえば、なんといっても印象に残っているのは２０１９年の対戦でオーバーヘッドキックを決めたこと。その試合は僕が2ゴールして、チームも3対1で勝利した。

個人的に最高のゲームとしてこれからもずっと記憶に刻まれていくことだろう。

皆さんもＤＡＺＮや動画再生ソフトで僕のファインゴールを見てください（笑）。

柏レイソル

スタジアムにエンブレムがあるJ2クラブはココだけ

柏レイソルのサポーターはとにかく熱い。

三協フロンテア柏スタジアムはピッチとスタンドが近く、ゴール裏は冗談ではなく本当に手を伸ばせば届くような距離にグラウンドがある。そしてスタジアムがいつも黄色に染まっているイメージがある。

応援チャントもオリジナリティに溢れていて、ウォーミングアップの時に流れているメロディを聴いていると、なんだか懐かしい気持ちになる。キックオフ後は試合に集中しているのであまり聴こえないけれど、サッカーにあまり詳しくないファミリーやカップルでも口ずさめるような原曲が多いから楽しめると思う。

スタジアムについて、もう一点強調したいのが、クラブのエンブレムがゴール裏のス

スタジアムに描かれた柏レイソルの「クラブエンブレム」

タンドに描かれていること。これは親会社ではなくクラブが所有していなければできない。Jリーグの場合、多くのチームはスタジアムを自治体などに借りているので、自前のスタジアムを所有しているのはうらやましい。

アウェイの選手の立場としては、スタンドからの圧力がすごいのでプレーしにくい。時々聞こえてくるブーイングもかなりの音量だ。

ただ、もしかしたらアウェイチーム以上にホームチームの選手に大きなプレッシャーがかかるかもしれない。盛り上がっている環境を楽しめれば問題ないけど、自分の出来が悪い時は大勢いるサポーターの存在がネガティブに作用してしまう時もある。

東京ヴェルディ

かつてはスター軍団 今は若手の宝庫

もし東京ヴェルディの名前を知らなくても、ヴェルディ川崎といえば知っている人は世のなかにたくさんいるだろう。Jリーグ草創期にヴェルディ川崎が築き上げた栄光は、何年経っても色褪せることがない。

カズさん、ラモス瑠偉《るい》さん、柱谷哲二《はしらたに》さん、武田修宏《たけだのぶひろ》さん、ビスマルク……。名選手が名を連ねるスター軍団は、学生時代にJリーグ開幕を迎えた僕たち世代みんなの憧れだった。

経営問題に揺れ動いてからはJ2で過ごす時間が長くなっているけれど、巧みな個人技と華麗なパスワークが融合した独自のスタイルは、今もチームに息づいている。結果に左右されることなく我が道を貫くヴェルディは〝色〟を持っているチームだ。

その証拠として、近年はヴェルディの育成組織出身の選手がＪ１や日本代表、あるいは海外へ数多く羽ばたいている。祐希（小林祐希／ワースラント＝ベフェレン／ベルギー１部）や中島翔哉くんは個性の強いキャラクターとしても周囲の興味を惹いているし、安西幸輝くん（ポルティモネンセ／ポルトガル１部）や畠中《はたなか》槙之輔《しんのすけ》くん（横浜Ｆ・マリノス）は最近の日本代表にも名を連ねている。

優秀な人材をたくさん輩出しているのにトップチームが思うように結果を残せていないのは、選手が一本立ちした頃に他チームに引き抜かれている現状があるからだろう。本来なら、そこで得た移籍金を活用して補強に動けるはずだけれど、それが難しい何かしらの事情があるのだと思う。

２０１７年、２０１８年は昇格プレーオフにも進出したように、徐々に往年の勢いを取り戻しつつある。それと関係があるのかないのか、クラブハウスのあるよみうりランドは最近とても盛況のようだ。遊園地があって、夏はプールにも入れて、リラックスするにはもってこいの環境だと思う。

FC町田ゼルビア

『サイバーエージェント』の経営権取得でどう変わる？

これからJ2に新たな旋風を巻き起こしてくれそうな期待感があるチーム。それがFC町田ゼルビアだ。

昨シーズンはJ1を戦うためのクラブライセンスを満たしていなかったので、残念ながら昇格プレーオフには参戦できなかった。でも自動昇格した2位の大分トリニータと同勝ち点での4位フィニッシュは敵ながら見事と言うしかない。近年、着実に地力をつけているチームと言えるだろう。

そこに強力な援護射撃となる企業が現れた。シーズンの途中に、いわゆるIT企業の『サイバーエージェント』が経営権を取得した。さらに今年からはインターネットテレビのAbemaTVで町田の試合を視聴できるようになり、今後もインターネットの強みを生かした改革を推し進めていくことが想像できる。

サッカーがさまざまな方法を通じて人の目に触れるようになるのは、とても良いこと。ＩＴ企業は潤沢な資金力を持っていると思うので、補強に対してもしっかり投資してもらえればドリームチームが登場するようになるかもしれない。海外でも毎年のように上位を占めるチームには、強力な投資グループや投資家がいたりする。

地域密着は大切な理念だけど、全チームがそれだけに縛られるのも違うと思う。日本人は右に倣えといった感じで周りと違うことをあまりしない。そういった協調性を大切にしつつも、新たなチャレンジによって可能性が広がることもある。

いろいろな分野の企業がサッカーに関わりを持つことで、魅力を伝えやすくなるのならば歓迎すべきだと僕は考えている。

今年に関してはあまり目立った動きをしていないように感じたけれど、来年以降は革新的な方策に打って出るんじゃないかな。時代の最先端を行くＩＴ企業がどのような影響をＪ２に及ぼすのか。楽天とヴィッセル神戸のような、大胆な改革があるのか。

町田とサイバーエージェントの今後の動向から目が離せない。

横浜ＦＣ

朝・昼・夜の3食完備でサポート態勢は万全

自分が所属するチームの話をしたい。

僕が初めて横浜ＦＣと対戦したのは２００１年だったはず。でも当時はプロ２年目だったし、だいぶ昔のことなので正直あまり覚えていない。

意識するようになったのは、ジュビロ磐田に加入してから対戦した２０１４年と２０１５年のシーズンだ。

京都時代にお世話になったカズさんが象徴になっていて、対戦する際に再会できるのが楽しみになった。一方でチームとしてはＪ２に長く在籍することで、その環境に慣れ過ぎているようなところが見え隠れした。

でも、いざ自分が加入してみると、会社の人間はＪ１に昇格したいと強く思っていることがわかった。小さなことから変えていこうとみんなが努力しているし、チーム力という点でも少しずつ上向いているのは成績を見てもらえればわかると思う。

戦う選手をサポートする態勢は万全。メインスポンサーになってくださっているONODERA GROUPが事業展開しているLEOCは食のエキスパートだ。

具体的には、所属選手はクラブハウスで最大1日3食をいただける。栄養士さんが管理しているアスリート食でしっかり体調管理できるし、もちろん美味しいからとても助かっている。

ある程度経験を積んだ選手は言われなくても自分で栄養管理できるだろうけれど、プロになったばかりの若手にとっては非常に難しいテーマだろう。でもLEOCさんが提供してくれる献立を参考にすれば、ただ食べるだけではなく、適度なバランスや量を勉強できる。体が資本のアスリートにとって食を学ぶことは選手生命を長くする上でとても大切なことだし、もし違うチームに移籍しても知識が無駄になることはない。

朝・昼・夜と3食をクラブハウスで食べている若手もたくさんいる。彼らにとっては食費が浮くわけで、お腹が満たされたうえに懐にも余裕が生まれる好循環だ。

ヴァンフォーレ甲府

J2元年に加盟した日本を代表するプロヴィンチア

『プロヴィンチア』というイタリア語を知っているだろうか?

地方都市や片田舎といった意味で、ミラノやローマといった大都市ではない地方クラブの総称として使われる言葉だ。

日本のプロヴィンチア代表がこのヴァンフォーレ甲府である。かつてはチームスローガンにプロヴィンチアの文字がそのまま入っていたのだから、自他ともに認めるところなのだと思う。

Jリーグに加盟したのはJ2元年の1999年。最初の数年間はJ2の下位をさまようチームだったが、2005年に大木《おおき》武《たけし》監督の指導によって3位に躍進し、初の昇格を果たした。今でこそ再びJ2で戦っているが、J1に在籍していた期間が長いこともあり、能力の高い選手が揃っている。

その代表格がピーター・ウタカとドゥドゥの外国籍選手による2トップだ。手堅い守備からスピードとパワーを兼ね備えた2トップの能力を生かすサッカーはなかなか手強い。甲府が誇る〝二本柱〟は、対戦相手からすると非常に厄介で、彼らはJ1でも十分に通用する爆発力を持っている。

山梨県にある甲府市は山に囲まれた盆地で、気候としては僕が生まれ育った京都によく似ている。横浜からはバスに乗って2時間くらいで着くから、アウェイゲームの時はちょっとした小旅行の気分になる（笑）。宿泊するホテルには温泉設備があり、富士山も見えるから最高だ。

スタジアムに集まるお客さんは、老若男女問わずバラエティーに富んでいる。熱狂的なサポーターというよりも、温かく見守るという印象が強い。どんなシチュエーションでも愉快に歌を唄い、抜群の包容力で選手をサポートする。

地方クラブの在るべき姿として、甲府はJリーグが目指すべき形を体現している。モデルケースのひとつと言えるだろう。

アルビレックス新潟

2000年代前半にJリーグ屈指の観客動員力を誇る

アルビレックス新潟は北陸地方初のJクラブとしてJ2元年に加盟した。勢いが増し始めたのは2001年に新潟スタジアム（現・デンカビッグスワンスタジアム）が完成してから。4万人以上を収容できるスタジアムの誕生によってサッカー人気に火がついた。

Jリーグ屈指の観客動員力を誇り、2003年にはJ2所属ながらJ1を含めて最多となる約66万人を動員したというから驚きだ。2002年に開催された日韓W杯では新潟スタジアムを使用しており、その恩恵とも言えるだろう。

大観衆の後押しを受けたチームは2003年にJ2優勝を成し遂げて初のJ1昇格。以降、2017年に降格するまでトップカテゴリーの地位を守り続けた。

アルビレックス新潟のサポーターはその応援の"熱さ"でも話題に

その時代の新潟は能力の高い外国籍選手が要所を締めていて、脇を固める日本人も将来有望な選手が多かった。ただしクラブの予算規模を比べると、どうしてもJ1の大都市にあるビッグクラブに勝てないため、優秀な選手を毎年のように引き抜かれてしまう。選手が活躍すればするほど、次のシーズンも新潟に残ってプレーする確率が低くなる。そんな地方都市ならではのジレンマを抱えているような気がする。

ピッチ外のネタを話すとすれば、やっぱり米どころであることを強調したい。ツヤのあるお米は、それだけでご馳走。日本海で水揚げされた新鮮な魚も美味しいので、アウェイ遠征の時はいつも食べ過ぎに気をつけている。

ツエーゲン金沢

新幹線開通で盛り上がる北陸地方第3のJクラブ

２０１４年に発足したＪ３リーグ元年を制し、翌２０１５年からＪ２の一員になったツエーゲン金沢。それからは毎年のように苦労しながらも、Ｊ２の舞台で懸命の戦いを繰り広げている。アルビレックス新潟、カターレ富山（Ｊ３）に次ぐ、北陸地方第３のＪクラブだ。

チームを指揮する柳下正明監督はＪリーグでの指導経験が豊富で、いつも堅実なチームを作っている印象がある。特定の個に頼ることなく攻守両面で組織的なサッカーを展開し、徐々に地力を蓄えてきた。今年のアウェイゲームでは、僕たち横浜ＦＣも金沢の術中にハマって０対１で負けてしまった。

予算規模に恵まれていないため強力な助っ人選手を獲得するのは難しいかもしれない

けれど、地道な歩みを続けることがＪ１昇格への近道になるだろう。数年前までＪ３やＪＦＬで戦っていたことを考えれば、すでに一定の成功を収めていると言っていいかもしれない。

金沢には２０１５年に北陸新幹線『かがやき』が開通し、首都圏からのアクセスがとてもラクになった。横浜ＦＣがアウェイゲームで行く時は飛行機に乗ってしまうので、残念ながら新幹線の乗り心地はわからないけれど、地域の活性化につながっているのは間違いない。テレビ番組や雑誌で特集が組まれる回数も多いようだし、個人的に気になっている都市だ。

僕は金沢の街並みがとても好きで、前泊やナイターゲームまでに時間がある時はホテルの近くを散歩したりすることがある。旅行ではないので観光はできなくても、金沢の風情ある街並みは歴史と伝統を感じさせてくれる。

伝統工芸でも有名な地域なので、スポーツとカルチャーがコラボレーションしていければ、さらに盛り上がる気がする。古き良き文化とサッカーを同時に堪能できるのも、Ｊクラブが存在する大きな意義だと思う。

ＦＣ岐阜

アテネ五輪世代の同級生は昔も今も大食漢

ＦＣ岐阜には同級生の前田遼一が在籍している。

彼と出会ったのは15歳か16歳の時だったと記憶している。東京の学校に通っていた遼一は関東選抜の一員で、京都出身の僕は関西選抜だった。東と西で別の組織だったけど、対戦などを通じて自然と仲良くなった。

同じ選抜には阿部ちゃんやナオ（石川直宏／ＦＣ東京クラブコミュニケーター）もいて、みんなライバル関係だけどリスペクトし合える関係だった。気がつけば20年以上の付き合いになるから、お互いのことはよく知っている。

遼一とは代表チームで顔を合わせることが多くて、クラブでは僕が日本に戻ってきた２０１４年だけジュビロ磐田で一緒にプレーした。友だちの少なさは昔から変わってい

J2で共に切磋琢磨する大食漢の前田遼一

なくて、大食漢ぶりも相変わらずだった（笑）。30歳を過ぎているのに、本当によく食べるからビックリした。

いわゆるアテネ五輪世代の自分たちは、今年で38歳になった。同世代でまだ現役を続けている選手はかなり少なくなってきたので、遼一の頑張りは自分にとって励みになる。頻繁に連絡を取り合うわけではないけれど、活躍すれば自然と耳に入ってくるものだから。

岐阜については練習グラウンドなど環境面での苦労話を聞いた。名古屋が近いという地理的な問題もあって発展しにくいのかもしれない。そんななかでも遼一には持ち前のマイペースぶりを発揮して、もう一花咲かせてもらいたい。

京都サンガF.C.

松井大輔が片思いする古都クラブ

僕は生まれも育ちも京都で、中学3年生までの15年間を過ごした。鹿児島実業高校に進学した3年間だけ鹿児島で下宿していたけれど、18歳の時にプロの門を叩いたのも地元の京都パープルサンガだった。

２００４年の9月に欧州移籍してからも、京都のことはずっと気になっていた。僕が在籍していた当時から昇格と降格を繰り返していて、２０１１年以降はＪ２での日々が続いている。Ｊ１の舞台で輝いてほしいと切に願っているし、僕にとって今でも特別なチームであることに変わりはない。

その京都に来年、サッカーなどの球技専用スタジアムが完成する。

待望の球技専用スタジアムで、だいぶ前から新スタジアム建設の話は持ち上がっていた。署名活動などを行った甲斐もあり、京都のサッカーはようやく新たな段階を迎えようとしている。

ただ僕個人としては現在の西京極総合運動公園にも思い入れがあるので、ちょっとだけ寂しい気持ちがある。老朽化や屋根の少なさといった問題を抱えていたとしても、京都には『古いものを大切にする』という文化・風習がある。横浜FCやジュビロ磐田の一員として西京極に行くと「帰ってきた」と懐かしい気持ちになれた。

今でも京都には数多くの歴史的建造物や寺院が残っていて、高層ビルなど古都の景観を損ねる建物はほとんどない。新しくスタジアムが誕生するというのはチームだけでなく、都市にとっても大きな出来事だろう。

海外移籍を決断した時から「日本に帰ってくるなら京都に戻ってくるんだろうな」と思い描いていた。でも移籍にはそれぞれのタイミングがあるので、チーム事情と折り合いがつかず叶わなかった。

でも僕は京都が大好き。今でも思い入れのあるチームなので、この片思いはずっと大切にしていきたいと思う。

ファジアーノ岡山

ユニークなトレーニングと桃太郎 一体感を大切に

中国地方のＪクラブといえば『オリジナル10』の一員であるサンフレッチェ広島が有名だ。でも、その隣の岡山県に籍を置くファジアーノ岡山も近年メキメキと力をつけているチームといえる。

２００９年にＪ２リーグに加盟した当初は下位に沈んでいたが、コツコツと努力を重ねることで進化してきた。クラブハウスなどの施設も少しずつ整い、サッカーに集中できる環境になってきたという。

岡山といえば、かつてユニークなトレーニングが話題になった。

たしか影山雅永《かげやままさなが》監督（U―20日本代表監督）が指揮を執っていた時代のプレシーズンキャンプで、雪山登山やロッククライミング、あるいは無人島サバイバル生活を行っていた。サッカーチームのキャンプは通常、サッカー漬けになる場合が多いので、とても珍しいということでテレビ番組でも取り上げられていた。

これは予算の都合というよりも、チームの一体感を高める狙いがあったのだと思う。団体競技に必要とされる『目的意識の統一』や『協調性』、『助け合い』といった要素が自然と身につく面白いマネジメントだ。

実は、僕も欧州クラブで同じようなプレシーズンを過ごした経験がある。

選手の入れ替わりが激しい欧州クラブでは、3年もすれば所属する選手のほとんどが入れ替わる。そこでペインボールやアスレチックなどを利用し、賞金なども用意される形でチーム戦を行うというわけだ。

そういえば、岡山には童話『桃太郎』の起源説がある。僕もアウェイ遠征の時には必ずお土産に買って帰るきび団子をご褒美として与えることでイヌ、サル、キジを家来にして鬼ヶ島へ向かう、という物語だ。

サッカーチームも鬼退治も、大事なのは一体感。岡山が躍進することで、世間に斬新な話題を提供してくれることを楽しみに待ちたい。

レノファ山口ＦＣ

中国地方の新興勢力は一筋縄ではいかない相手

本州最西端に位置する山口県にＪクラブが誕生した。

レノファ山口ＦＣは２０１４年時点でＪＦＬを戦っていたチームで、２０１５年にＪ３で優勝を飾り、２０１６年からＪ２の舞台と、駆け足で階段を上がってきた。チームとしての歴史はまだ浅いが、限られた予算内で選手をやり繰りして魅力的なサッカーを展開している。

特に、伸び盛りの若手選手を上手に活用している印象がある。

現在はＪ１で活躍している小野瀬康介くん（ガンバ大阪）やオナイウ阿道《あど》くん（大分トリニータ）は、山口でのパフォーマンスが高く評価されて引き抜かれていった。期限付き移籍を活用するケースも多く見られ、あの手この手を尽くしてチームを底上げしているのだろう。

そのチームを2018年から率いているのが『シモさん』こと霜田正浩《しもだまさひろ》監督だ。シモさんは僕が京都に在籍していた当時、強化部として現場をサポートしてくれていた。2010年の南アフリカW杯の時は日本サッカー協会の一員として縁の下の力持ち的な役割を担っていた。

僕もたくさんお世話になった人なので山口のサッカーには注目している。

印象としては、攻撃のバリエーションがとても豊富で戦いにくいチームということ。ボールをしっかりつなぐことをベースにしながら、タイミング良くワンタッチプレーを織り交ぜてくる。効果的にサイドアタックを仕掛けてくるので、守る側としては奪いどころを絞りにくい。

今年の対戦では、ホームゲームは勝利できたけれどアウェイゲームは引き分けだった。山口は横浜FC戦以外でも上位陣との対戦で勝ち点を奪っていて、どのチームにとっても一筋縄にはいかない相手になってきている。

J2の新興勢力は、これからもっともっと力をつけてくるだろう。

徳島ヴォルティス

名物は渦潮　四国初のJクラブがJ1返り咲きを目指す

徳島ヴォルティスは四国初のJクラブとして2005年に加盟した。

僕のなかで、四国はなかなかサッカーが根付かない地域というイメージがある。どちらかというと野球のほうが盛んで、特に高校野球の人気が高い気がするけれど、最近はどうなんだろう。

徳島は2013年のJ2で4位となり、その後の昇格プレーオフを勝ち抜いて悲願のJ1昇格を果たした。ただJ1に混ざると戦力的な見劣りは否めず、1年で降格を余儀なくされてしまった。

近年はJ1チームに引き抜かれるような優秀な選手を育てつつ、2017年からはスペイン人のリカルド・ロドリゲス監督を招聘。クラブ史上初となる外国人監督に指揮を

アウェイ遠征では観光名所を見るのも楽しみのひとつ

任せて、2度目のJ1昇格を目指している。

そんな徳島のアウェイゲームに向かう際の印象的なエピソードがあるので紹介したい。

横浜FCに移籍してからは飛行機移動だけど、ジュビロ磐田時代は新幹線で新神戸まで行って、そこからバスで瀬戸内海を渡っていた。その時の楽しみが『鳴門の渦潮』だ。

大鳴門橋を通過するタイミングで、選手のほとんどが身を乗り出してスマートフォンを構え、一斉にシャッター音を響かせる。

「おい、本当に渦を巻いているぞ!」

一見クールに見えるサッカー選手だけど、実は意外とみんなミーハーだ。もちろん僕の携帯電話にもしっかりと渦潮が保存されている。

愛媛ＦＣ

同い年の青年監督がＪクラブを率いる

ベテランと若手をうまく融合させながらチーム作りを進めている愛媛ＦＣには、僕と同い年の功治（山瀬功治）が在籍している。かつては世代別代表などで同じ攻撃的ＭＦとして切磋琢磨したライバルのような関係だ。

功治は若い時に大ケガを負ってしまい、苦しい時間を過ごしたこともあった。でも、もともと持っている能力の高さに疑いの余地はなく、サッカーへの強い情熱も持っている。若かりし日はアタッカーだったけど、今はベテランとしての経験値の高さを生かしてチームに貢献している。功治にとって愛媛はＪリーグ７チーム目で、僕と同じ38歳が四国の地で奮闘しているというわけだ。

38歳といえば、愛媛の指揮を執っている川井健太監督も同じ１９８１年生まれらしい。

個人的に面識がないので詳しい哲学などはわからないが、自分と同い年の人間が指導者となり、しかもプロチームを率いているのは不思議な感じがする。年を取ったということかもしれない（笑）。

Ｊリーグが開幕して27年目を迎えて、Ｊ１からＪ３まで合わせて55チームがある。チーム数が増加したことも手伝い、もともと愛媛でプレーしていた川井監督のようにＪリーグを経験した指導者が監督になるケースも増えてきた。こういった青年監督は選手目線でアドバイスができると思うし、自身の体験談にも説得力がある。代表経験やW杯出場歴があれば、さらに効果的だろう。

この世代の指導者の多くはロングボールを多用せず、しっかりとボールを保持しながら自分たちの時間帯を作るサッカーを志向する。それが勝利への最短距離であることを経験から知っている。

ひと昔前のＪ２はロングボールが飛び交う試合が多く、愛媛も例に漏れなかった。でも川井監督が作ったチームはマイボールを大切に扱い、セットプレーでも策を練っていると感じる。決して侮れないチームだ。

アビスパ福岡

J1仕様に新たな戦い方を模索する九州の雄

九州を代表する都市・福岡をホームタウンに持つアビスパ福岡。でも近年はあと一歩のところでJ1昇格を逃すシーズンが多くなっている。

必ずしも『大都市＝強いチーム』ではないけれど、人口が多い大都市には大きな企業が集まっていることも事実。もしそういった企業をスポンサーとして獲得できれば、手厚いサポートを受けられるだろう。

福岡はそういった支援を得やすいチームだと思う。プロ野球のソフトバンクホークスの人気にはなかなか抵抗できなくても、都市が持っているもともとのポテンシャルが高い。九州ではさまざまな分野で優れた人間が福岡に集まると聞いたことがあるし、サッカー人口もきっと多いはずだ。

２０１５年から２０１８年までの４年間は元日本代表ＤＦの井原正巳監督が指揮を執り、まずは守備を整備してから攻撃に移るスタイルを確立した。

監督就任１年目の２０１５年に昇格プレーオフ優勝を飾り、見事に昇格を決めた。Ｊ１を戦った２０１６年は１年で降格してしまったけれど、２０１７年は再びプレーオフまで勝ち上がった。クラブとしても昇格へ向けて本腰を入れていたと聞くし、実際に安定した戦いぶりはＪ２で突出していた。

ただ２０１８年が7位に終わり、井原監督は退任。任を引き継いだイタリア人のファビオ・ペッキア監督は攻撃的なサッカーを目指していたようだけれど、半年も経たないうちに家庭の事情で去ってしまった。

ある程度スタイルを確立したところからの方針転換はとても難しい。これはＪ２に限った話ではないけれど、１シーズン42試合戦う長丁場のリーグで好不調の波が激しいチームは上位に進出できない。

福岡のように地力のあるチームでも、一度流れを失うと中位以下に低迷してしまう。あらためてＪ２の厳しさを思い知らされる事象と言えるだろう。

V・ファーレン長崎

「ジャパネットたかた」が長崎とJリーグを盛り上げる

2017年、ジャパネットホールディングスはV・ファーレン長崎の全株式を取得し、今後の経営を担うことになった。

「ジャパネットたかた」のCMでお馴染みの髙田明前社長は長崎県出身の方で、サッカーにものすごい情熱を注いでいた。毎試合スタジアムで気さくに写真撮影に応じる姿に人柄の良さがにじみ出ていたのは記憶に新しい。

長崎は2017年のJ2で2位となり、クラブ史上初となるJ1昇格を決めた。惜しくも1年で降格になってしまったけれど、メディア露出を含めて話題性を提供するという意味で、価値のある出来事だった。2023年には長崎市の中心にサッカー専用スタジアムを建設する計画も進んでおり、これからさらにサッカー人気が盛り上がっていきそうな気配だ。

現在の所属選手に目を向けると、J1で長くプレーしていたタマちゃん（玉田圭司）や徳永悠平といった経験豊富な選手が多い。また、長崎県出身の選手や、全国高校サッカー選手権大会でお馴染み・国見高校出身の選手の受け皿としての役割も果たしているように感じる。サッカー選手が生まれ育った地元に錦を飾るというサイクルは、人として在るべき姿だと思う。

もともと長崎県はハウステンボスなど観光名所が多く、海や島など自然が好きな僕はとても興味を惹かれる。長崎ちゃんぽんは美味しいし、カステラはお土産に欠かせない。オフ期間を利用してゆっくり観光したい県のひとつだ。最近では中国からの観光客が増えているという話もよく聞く。もともと魅力ある県だからこそ、そこにサッカーという文化が加わることで大きな可能性を秘めている。

今年のJ2リーグではなかなか波に乗れていない印象がある。でも、それもきっかけひとつで状況は大きく好転すると思う。何よりもジャパネットと高田前社長のサッカーに対する情熱が、長崎の未来を明るく照らしている。

鹿児島ユナイテッドＦＣ

松井大輔第2の故郷 芋焼酎のプレゼントも

僕が高校時代の３年間を過ごした鹿児島県に待望のＪクラブが誕生した。今年からＪ２に昇格した鹿児島ユナイテッドＦＣだ。

母校の鹿児島実業高校を筆頭に、鹿児島県にはサッカー強豪校が数多くある。全国大会に出場するための県予選を勝ち抜くのはとても難しく、そうやってしのぎを削っているからこそプロでも大成する選手が多い。

県内にＪクラブが誕生したことで、今後はプロを目指す中高生にとってのわかりやすい指標になるだろう。これまでＪリーグを観戦するために他県に足を運ばなければいけなかったのが、より身近にプロを感じられるようになった。

チームを率いる金鍾成《キムジョンソン》監督は、昨年までＦＣ琉球で監督を務めていた。徹底的にボールをつなぐポゼッションサッカーが特徴で、鹿児島でも同じようなスタイルを実践している。観客を魅了する志を持ったサッカーをやっている。

課題を挙げるとすれば、ストライカーという人材が必要な得点力の部分だろう。相手ゴール前での最終局面でいかに結果を出すか。目指している方向性は素晴らしいと思うので、理想と現実のバランスをいかに取るかがテーマなのだと思う。

思うように結果が出ないことで、ファン・サポーターは頭を抱えているかもしれない。でも悲観する必要はないし、それはチームが成長していくための正しい歩みだ。目先の結果だけに左右されず、長い目でチームを見守ってほしい。

そして他県から鹿児島に足を運んだ際には、是非ともグルメや観光を満喫してもらいたい。黒豚やきびなごといった特産物に舌鼓を打ち、桜島を眺める。やっぱり僕にとって鹿児島は第二の故郷だ。

故郷と言えば、ジュビロ磐田のプレシーズンキャンプで鹿児島に行った時の話。道を歩いていて突然、焼酎をもらったことがある。しかも高級な芋焼酎だった。僕はお酒を飲まないけど、松井大輔をいつまでも覚えてくれている鹿児島県民は最高だ。

FC琉球

小野伸二加入で再び琉球旋風が巻き起こる

Jリーグの試合で沖縄県に行く日が訪れるとは、まったく想像していなかった。

FC琉球は今年、鹿児島ユナイテッドとともにJ3から昇格し、初めてのJ2リーグを戦っている。開幕4連勝は〝琉球旋風〟として話題になり、なかなか結果が出ない時期でもグラウンダーパスを重用する自分たちのスタイルを貫いている。

その琉球に、今年の夏の移籍ウインドーで伸二くん（小野伸二）が移籍加入した。最初に聞いた時は「え、ほんとに？」と驚いてしまった。

伸二くんは僕よりも2歳年上で世代は少し違うけど、アテネオリンピックではオーバーエイジとしてメンバーに選出されて一緒に戦った。サッカー選手でさえも羨むようなテクニックを誇り、いつもニコニコしながら楽しそうにボールに触れている。何歳にな

小野伸二は沖縄のサッカー熱を盛り上げる役目も担う

っても生粋のサッカー少年だ。

その伸二くんが加入した直後の8月17日に僕たち横浜FCとの対戦が行われ、試合会場には1万人を超える観客が詰めかけた。この試合には琉球のホームゲームとしては過去最多12019人が集まったらしい。

沖縄県のサッカーは、これからますます熱を帯びていくのだろう。

那覇の空港に着いて飛行機を降りた瞬間の空気は、どんな時でも人の気持ちを高揚させる。沖縄県にはオフ期間に旅行で行くことも多いけれど、試合の時もできればもう1泊くらいしてスキューバダイビングでもやって帰りたかったのが本音だ（笑）。

おわりに

J2のリアルな実情や魅力を、サッカーファンの方々にもっと伝えたい──。

そうした想いから本書を綴ってきた。

まずは喜怒哀楽の詰まった現実を理解してもらうことに意味があると考え、現役選手としての立場から見えるJ2について素直にまとめたつもりだ。

もちろん、ここで紹介したエピソードは、ほんの一部の事例に過ぎない。

僕より長くJ2でプレーしている選手はたくさんいるし、環境が整っていない地方クラブではもっと大変な苦労をしているはずだ。

「世界一過酷なリーグ」と言われるだけあって、環境面においてはまだまだ発展途上にあると言えるだろう。

その一方で、Ｊ２が日進月歩の進化を遂げてきたのも事実である。

リーグ発足から21年目を迎えてチーム数はなんと2倍以上に増えた。

Ｊ１がレベルアップしたからといって、Ｊ２がつられてレベルアップするとはかぎらないが、Ｊ２のレベルアップは間違いなくＪ１と日本代表のレベルを押し上げていく。

これまでＪ１や日本代表に数多くの選手を輩出してきたのは本書で語ってきたとおりだ。

日本サッカーを底上げするのに一役買う存在として、今後はさらに重要度を増していくだろう。

そうして考えていくと、Ｊ２は日本サッカーの未来そのものとも言える。

だから僕は、Ｊ２でプレーすることに誇りを持っている。

ダイヤモンドの原石である若手と、酸いも甘いも知っている百戦錬磨のベテラン。男たちの攻防は時代が進んでいくごとによりいっそう熱を帯びてきている。

これからも語り草となるような戦いが次々と繰り広げられていくはずだ。

最後に、本書を制作するにあたり知恵と勇気をくれたJ2に関わる人すべてに感謝を伝えたい。

選手、スタッフはもちろんのこと、裏方として奔走する事業系の方々、スポンサー関係各位、そしてJ2をこよなく愛するファン・サポーターの皆さん。全員の思いがひとつの結晶となり、この一冊にまとめられたことをうれしく思う。

J2のさらなる発展と、明るい未来を信じている。

これまでも、これからも、日本サッカーの縁の下の力持ちとして、J2は走り続ける。

松井 大輔

サッカー・J2論

２０１９年12月25日　初版発行
２０２０年２月10日　３版発行

著者　松井大輔

松井大輔（まつい　だいすけ）
１９８１年５月11日京都府生まれ。鹿児島実業高等学校卒業後、２０００年に京都パープルサンガ（現・京都サンガF.C.）加入。04年、フランスのル・マンに移籍。その後、サンテティエンヌ、グルノーブル、トム・トムスク、ディジョン、スラビア・ソフィア、レヒア・グダンスクを経て、14年にジュビロ磐田加入。17年にポーランドのオドラ・オポーレに移籍。18年１月より横浜FC加入。日本代表として国際Aマッチ31試合に出場。受賞歴多数。サッカー選手として20年目を迎えるキャリアの中で、J2・海外２部リーグでは通算で約10年プレーしている。

本文写真
アフロスポーツ（P30・P107）・松岡健三郎／
アフロ（P120）・PRESSE SPORTS／
アフロ（P126）・アフロ（P155・P17
7）・YUTAKA／アフロスポーツ（P165）・
長田洋平／アフロスポーツ（P169）・小早川渉／
アフロ（P187）

発行者　横内正昭
編集人　内田克弥
発行所　株式会社ワニブックス
〒150-8482
東京都渋谷区恵比寿4-4-9えびす大黒ビル
電話　03-5449-2711（代表）
03-5449-2734（編集部）

カバーデザイン　小口翔平＋三沢稜（tobufune）
ブックデザイン　橘田浩志（アティック）
構成　藤井雅彦
カバー写真　矢野寿明
マネジメント　星川朋之（ティー・パーソナル）
制作協力　内田智也（横浜FC）
協力　横浜FC
校正　玄冬書林
編集協力　内田克弥（ワニブックス）
編集　中野賢也（ワニブックス）
印刷所　凸版印刷株式会社
DTP・図版作成　株式会社 三協美術
製本所　ナショナル製本

ISBN 978-4-8470-6636-8
ワニブックスHP　http://www.wani.co.jp/
WANI BOOKOUT　http://www.wanibookout.com/